Zu diesem Buch

In Indien, in Pakistan, im Iran oder in Saudi-Arabien sind Frauen nach wie vor allenfalls Menschen zweiter Ordnung. Die, sei es traditionell, sei es religiös, legitimierte Macht der Männer gilt in diesen Kulturkreisen auch heute noch mehr als das Menschenrecht auf körperliche und seelische Unversehrtheit. Mädchen, die gegen ihren Willen verheiratet werden und die ihr Leben lang aller Rechte beraubt und zur Unsichtbarkeit verdammt sind, junge Ehefrauen, die von der Schwiegerfamilie ausgebeutet, gequält und bedroht werden, Vergewaltigungen, Züchtigungen, Arrestierungen, Witwenverbrennungen oder die Steinigung von Ehebrecherinnen – dies sind die prägenden Merkmale für eine Atmosphäre der Gewalt, die sich mit dem westlichen Begriff «Diskriminierung» nur sehr unzureichend beschreiben läßt. Hier findet vielerorts ein Krieg statt, dessen Opfer ungezählt sind.

In eindringlichen Reportagen, in denen eine grauenvolle Realität transparent wird, berichten Cheryl Benard und Edit Schlaffer aus der «orientalischen Despotie». Anhand zahlreicher Einzelbeispiele schildern sie Frauenschicksale, die eine Parteinahme erzwingen. Die Unvereinbarkeiten zwischen Orient und Okzident, die hierzulande allzu häufig in pseudoliberaler Manier als Kulturunterschiede verharmlost werden, erlauben keine abstrakte, gleichsam interessenlose Betrachtung. Wo Frauen von Geburt an um Leib und Leben fürchten müssen oder, um zu überleben, den Preis sprachloser Ohnmacht zu zahlen haben, dort muß das Werben um Verständnis für eine fremde Kultur notwendig in den Hintergrund treten. Dabei geht es nicht primär darum, die eigene Kultur gegen eine andere auszuspielen, sondern darum, eine brutale Unterdrückungspraxis kenntlich zu machen, ohne das beobachtbare Unrecht durch ein «Kulturargument» relativieren zu müssen. In diesem Sinne klagen die Autorinnen das Recht auf die eigene Überzeugung ein; sie stellen den Männern die «Gewissensfrage» – nicht nur jenen «Despoten», die in diesem Buch beschrieben werden, sondern allen Männern. Denn auch der Westen trägt eine Mitschuld: «die Schuld des Mitwissenden, der dem Opfer seine Hilfe verwehrt und im Angesicht krasser Gewalt einfach schweigt» (Benard/Schlaffer).

Cheryl Benard (geb. 1953) und **Edit Schlaffer** (geb. 1950) leiten als Sozialwissenschaftlerinnen die «Ludwig Boltzmann-Forschungsstelle für Politik und zwischenmenschliche Beziehungen» in Wien. Im Rowohlt Verlag erschienen zuletzt «Laßt endlich die Männer in Ruhe» (1988) und «Sagt uns, wo die Väter sind» (1991); Veröffentlichung bei rororo aktuell: «Die ganz gewöhnliche Gewalt in der Ehe» (1978).

Cheryl Benard / Edit Schlaffer

Das Gewissen der Männer

Geschlecht und Moral –
Reportagen aus der orientalischen Despotie

rororo
Rowohlt

rororo aktuell
Herausgegeben von Ingke Brodersen

Redaktion Rüdiger Damman

Originalausgabe
Veröffentlicht im Rowohlt Taschenbuch Verlag GmbH,
Reinbek bei Hamburg, Juni 1992

Umschlaggestaltung Büro Hamburg – Jürgen Kaffer/
Peter Wippermann (Foto Abbas/Magnum)
Satz Times (Linotronic 500)
Gesamtherstellung Clausen & Bosse, Leck
Printed in Germany
1090-ISBN 3 499 13015 7

Inhalt

Upon an island hard to reach
the East beast sits upon his beach
upon the West beach sits the West beast
each beach beast thinks he's the best beast
which beast is best?
I used to think that East was best and West was worst
but as I look from West to East
I find I like the East beast least.

Dr. Seuss

Vorwort

Viele Länder der Erde sind mit fast unlösbaren ökonomischen und politischen Problemen und Benachteiligungen konfrontiert. Im internationalen Vergleich geht es uns in Europa ausgesprochen gut. Das ist aber kein Grund, die Dritte Welt in eine moralische Sonderkategorie zu entlassen. Es passieren dort Dinge, die mit jedem humanen Rechtsgefühl – und völlig unabhängig von kulturellen Unterschieden – unvereinbar sind. Häufige Opfer dieser Verstöße: die Frauen. Sie werden getötet, mißhandelt, gehaßt, liquidiert: von den eigenen Männern. Auch bei uns gibt es Gewalt, aber nicht folgenlos, quasi als Teil der Tradition und einer kulturellen Praxis.

Diese Fakten zu verheimlichen oder gar zu entschuldigen, nur weil es sich um andere Kulturkreise handelt, wäre der wahre Rassismus; denn damit wäre gesagt, daß diese Frauen unerheblich sind und ihre Männer nicht entwickelt genug, um nach allgemein menschlichen und moralischen Kriterien gemessen zu werden.

Im Koran beispielsweise wird die Frage der moralischen Verantwortung und des Gewissens ganz speziell zum Schutz der Frauen aufgegriffen. Bezug nehmend auf die Praktik der Tötung neugeborener Mädchen, werden die Männer gewarnt, daß sie sich am Tag des Jüngsten Gerichts für solche Vergehen werden rechtfertigen müssen. Die alltägliche Behandlung von Frauen in vielen Ländern heute ist sehr weit von dieser Handlungsmaxime entfernt.

Man kann Kulturen nicht vergleichen. Sie sind nicht besser oder schlechter, sondern lediglich anders. Vor allem wir in Europa dürfen uns nicht anmaßen, andere zu bewerten oder zu beurteilen: Dies wäre kultureller Imperialismus, das wäre westliche Überheblichkeit, und angesichts unserer schmählichen kolonialen Vergangenheit sollen wir lieber in Demut schweigen und überlegen, in welchen Punkten die traditionellen, einfachen Gesellschaften uns überlegen sind.

So lautete das kulturpolitische «Ave-Maria», das wir in unserer Studentenzeit herunterzubeten lernten.

Zum Teil war das berechtigt. Daß Gerechtigkeit und Wahrheit immer auch von der jeweiligen Perspektive abhängig sind, daß die Mächtigen sich oft den Titel der Gerechten verleihen – dies alles ist historisch verbrieft. Nur in der Pauschale gehen diese Einsichten zu weit. In ihrem Schlepptau folgen dann andere Pauschalierungen, bis eine Suppe aus Entschuldigungen und Relativierungen jegliches moralische Urteil verschüttet.

Wer leidet darunter? Wenn wir diese Frage stellen, zeigt sich die Kontur einer ungewöhnlichen politischen Schichtung. Es gibt die Starken, es gibt die Schwachen – und dann gibt es noch die Schwächsten, die echten Verdammten dieser Erde. Sie haben keine Parolen, sie können niemanden des Rassismus oder des Neokolonialismus bezichtigen, ihr Protest bleibt ungehört, ja er wird nicht einmal erlaubt, sondern ertönt bloß zaghaft, um sofort erstickt zu werden. Das Mädchen, das gegen seinen Willen mit einem Siebzigjährigen verheiratet wird, oder die junge Frau, die ihr Mann einsperren und zum Tode verurteilen darf, indem er ihr ärztliche Hilfe verbietet – diese Frauen sind oft die Opfer derjenigen, die dem Westen rechtschaffen eine moralische Rechnung präsentieren wollen. Wenn wir diesen Frauen, um Kritik zu vermeiden, unsere Solidarität verweigern, dann haben wir nicht nur diese Frauen verraten, sondern auch den besten Teil unserer Zivilisation: unseren Glauben an Freiheit, Gerechtigkeit und Gleichheit, der sich nicht mit billiger Apologetik befriedigen läßt, sondern manchmal auch nach Konfrontationen verlangt.

Die erste Verantwortung angesichts der Mißstände, die in diesem Buch beispielhaft angeführt werden, trifft die Angehörigen der betrachteten Kulturen. Sie müssen reflektieren, wie sie ihren humanitären Auftrag besser realisieren können. Aber auch der Westen hat hier eine Mitschuld: die Schuld des Mitwissenden, der dem Opfer seine Hilfe verwehrt und im Angesicht krasser Gewalt einfach schweigt.

Einleitung

Ich bin Ausländerin – Frauen als Fußnote der Moral

Aus der Dritten Welt zu kommen soll kein Stigma sein, aber auch kein Freibrief. Gewalt gegen Frauen, gegen Kinder oder gegen Minderheiten darf, wenn Frauen, Kinder und Minderheiten denselben menschlichen Wert besitzen wie ein Mann der jeweils dominanten Zugehörigkeit, nicht ignoriert werden. Sonst üben wir nicht Solidarität, sondern machen uns zu Komplizen eines Opfers in seiner Rolle als Täter.

«Ich bin Ausländer» – ein T-Shirt mit dieser Aufschrift kann man in Deutschland erwerben, um seine Solidarität zu bekunden. Solidarität – ein schönes, ein erbauliches Wort. Und ein tückisches. Es will verhindern, daß rassistische Ängste und Verallgemeinerungen den Weg zur Menschlichkeit versperren, daß wir Leute nur als wandelnde Hautfarbe oder Nationalität betrachten und sie ablehnen, ohne uns jemals mit ihnen und ihrer Situation auseinandergesetzt zu haben.

Aber tückisch ist es trotzdem. Denn vor Vorurteilen, Pauschalbeurteilungen und Ungerechtigkeit gibt es auch dann kein einfaches Entkommen, wenn wir uns «solidarisieren». Die Gruppe der Opfer ist vielfältig, in sich gespalten und nochmals unterteilt in zahllose Abstufungen von Recht und Unrecht. Die Opfer von Rassismus können selber rassistisch sein, die Opfer von Gewalt selber gewalttätig.

Vorurteile sind simpel; das macht ihre Anziehungskraft aus. Sie bieten eine einfache Erklärung, ein ganz einfaches Denkschema. Die Solidarität darf nicht ebenfalls simpel sein, darf sich nicht sozialen und politischen Wahrheiten verschließen im Namen einer pauschalen Anteilnahme. Dann nämlich werden abermals Ungerechtigkeiten verleugnet, wird wieder Gewalt verübt und verschwiegen, werden Dinge zu sehr vereinfacht auf Kosten derjenigen, die das bequeme Erklärungsmuster verwirren könnten. Es mag linguistische Ungenauigkeit sein, wenn das T-Shirt sich mit dem Ausländer solidarisiert und mit der Ausländerin nicht, aber politisch ist es um so präziser. Denn die Frauen sind in vieler Hinsicht aus dieser Solidarität ausgeschlossen, und damit werden sie die Opfer einer zu simplen Solidarisierung. Was ihnen von ihren Männern angetan wird, soll ein Geheimnis bleiben, um die Sympathien für diese Männer nicht zu gefährden. Das ist in jedem Fall einfacher, als sich in eine lange Diskussion über kulturelle Werte, Gewalt gegen Frauen, Menschenrechte und Geschlechtszugehörigkeit einzulassen. Aber nur weil etwas «einfacher» ist, ist es noch lange nicht richtig. Auch Vorurteile sind einfach. Wenn ein Mann, dem ein Unrecht widerfahren ist, seine Frau mißhandelt, die von ihm abhängig ist und der darüber hinaus auch noch dasselbe Unrecht widerfahren ist wie ihm, dann können wir weder das spezielle Schicksal dieser Frau noch das unrechte Verhalten des Mannes einfach unter den Teppich der «Solidarität» kehren. Genau das aber geschieht, und es sind nicht zuletzt die Liberalen, die Engagierten, die Aufgeklärten, die dies tun.

Aus der Dritten Welt zu kommen soll kein Stigma sein, aber auch kein Freibrief. Gewalt gegen Frauen, gegen Kinder oder gegen Minderheiten darf, wenn Frauen, Kinder und Minderheiten denselben menschlichen Wert besitzen wie ein Mann der jeweils dominanten Zugehörigkeit, nicht ignoriert werden. Sonst üben wir nicht Solidarität, sondern machen uns zu Komplizen eines Opfers in seiner Rolle als Täter.

Die Angst, Vorurteilen zuzuarbeiten, wird als Grund angegeben, die Situation von Frauen nicht – es heißt dann meist: *noch* nicht – zu berücksichtigen. Wenn das Verhalten eines arabischen Immigranten seiner Frau gegenüber kritisiert wird, so lautet dieses Argument, dann werden damit bloß Stereotype über «die Araber» gestärkt. Und das schadet letztendlich auch der betroffenen Frau. Wir wollen fest daran glauben, daß dieses Argument ehrlich gemeint ist. Denn eine andere mögliche Erklärung ist weit schlimmer, und sie würde von einer sehr großen und gefährlichen politischen Naivität zeugen: Daß das Schicksal der Frauen deswegen verheimlicht werden soll, nicht diskutiert werden darf, weil es den liberalen Aktivisten gleichgültig ist. Weil sie ihr Wunschbild der edlen Verfolgten nicht komplizieren wollen, weil sie Frauen nicht denselben menschlichen Stellenwert zubilligen, sondern in diesem einen Punkt selbst noch von Vorurteilen befangen sind.

Die Wahrheit hat die unbequeme Eigenschaft, sich aus gegensätzlichen Komponenten zusammenzusetzen: Hinter ihr verbergen sich oft noch eine zweite und eine dritte Wahrheit und eine hundertste Wahrheit, von denen die eine schön, die andere häßlich, die eine erbaulich, die andere bedrückend und alle miteinander in gleichem Maße und zur gleichen Zeit «wahr» sind. Es können gute Dinge geschehen aus schlechten Beweggründen, während gute Absichten ins Verderben führen können. Freunde können sich fälschlich für Feinde halten, Feinde sich anfreunden, Freunde erkennen, daß sie sich ineinander getäuscht haben. Die Diskussion zwischen den Kulturen ist in hohem Maße von all diesen Verwirrungen betroffen.

Und die Frauen haben international eine Eigenschaft gemeinsam: Sie machen alles immer so kompliziert. Dieser Jack Unterweger, so ein guter Dichter; leider steht er im Verdacht, sieben Prostituierte ermordet zu haben. Der Herr Meier von unten, so ein netter Kerl; leider schlägt er seine Frau.

Indien, ein so tolles, spirituell so reiches Land; leider werden dort jährlich Tausende Mädchen aus gemeiner Geldgier erwürgt oder verbrannt. Lästig, diese Frauen; immer ruinieren sie das gute Verhältnis zwischen Männern mit ihrem vorwurfsvollen Jammerschicksal.

Aber nicht wirklich. Ist bei Staatsbesuchen in Ländern der Dritten Welt die Problematik der Frauen jemals ein Thema, fragten wir in einer Blitzumfrage zehn westeuropäische Politiker? Die krausten die Stirn, dachten nach und sagten einstimmig: nein.

Ist die brutale Mißhandlung von Frauen ein Thema, wenn Liberale mit ihren männlichen Solidaritätsschützlingen sprechen? Niemals. Man will sich ja nicht die «Vertrauensbasis ruinieren». Man will sich nicht einmischen. Man will um Gottes willen nicht andeuten, daß man die eigene Kultur und die eigenen Sitten zum Maß der Dinge macht. Man fürchtet dies und meidet jenes, und auf der Strecke bleiben diejenigen, die in der schwächsten Position sind, denn ihre Partei ergreift niemand. Bei der Solidarität bleiben sie ausgespart.

Wobei – auch dies eine Facette in der Vielfältigkeit der Wahrheiten – die Solidarität mitunter auch von denjenigen abgewehrt wird, denen sie zugute kommen soll. Bekundungen der Freundschaft und Solidarität werden von manchen Frauen aus den betreffenden Kulturkreisen aggressiv zurückgewiesen. Wenn das geschieht, ist es nicht immer der westliche Part, der ein «falsches Bewußtsein» an den Tag gelegt hat. Diese Abweisung muß man ertragen, denn man ist nicht deshalb solidarisch, weil man Applaus und Dankbarkeit bekommen möchte, sondern um der eigenen moralischen Prinzipien willen.

Eine Reise nach Indien

Ist Herr Singh ein Mörder?

Indien – das ist Mystik, Farbe, gandhische Friedfertigkeit, bunte Saris, spirituelle Erhabenheit.
Indien, das ist Geldgier bis zum Mord, Frauenhaß bis zur systematischen Ausmerzung.
Wir fuhren nach Indien, um einen Kulturbericht zu schreiben, und schrieben statt dessen einen Kriegsbericht. Unbeobachtet von Blauhelmen, herrscht hier ein Krieg gegen die Frauen.

Neu-Delhi. Das obere Stockwerk eines Einfamilienhauses. Wir sitzen im Wohnzimmer; draußen, auf der Veranda, blühen Geranien. Uns gegenüber sitzt das Ehepaar Chhabra: ein gutmütiger, freundlicher Mann, Eigentümer einer Werkstatt für die Produktion von Maschinenteilen, und seine Frau, die uns Tee serviert und Nüsse. In der Ecke steht ein Fernsehgerät, mit Video; wir sehen einen Film. Es ist ein Film über die älteste Tochter der Chhabras, Shalina, über ein Mädchen, das in Indien berühmt wurde. Sie kam sogar ins Fernsehen, wo sie fünf Minuten lang eine kleine Ansprache hielt, eine kleine Ansprache über ihre Ehe. Mit fünf Medienminuten beendete Shalina ihr Leben; ein Dokumentarfilmteam nahm ihren qualvollen Verbrennungstod und ihre gestöhnte Anklage auf Video auf. Deswegen ist sie berühmt; ihre Bekanntheit speist sich darüber hinaus noch aus einem anderen bizarren Detail, in dem sich ihr Tod von den Tausenden Verbrennungsmorden an jungen Ehefrauen unterschied, die jährlich in Indien stattfinden: Shalina wurde nicht mit Benzin übergossen, wie die meisten, sondern mit Whisky.

Herr Chhabra spielt uns, auf unseren Wunsch, diesen Film vor. Er sieht ihn sich mit uns an und ergänzt die Sätze seiner Tochter dort, wo ihre Stimme versagt und man sie nur schlecht verstehen kann. Seine Frau sieht weg, ihr Blick zielt auf die entgegengesetzte Ecke des Zimmers, aber hören muß sie. Wie erträgt sie es, diese Filmkassette in ihrem Wohnzimmerregal aufzubewahren, diesen Film vorspielen zu lassen, immer wieder, für Journalisten, für Interessierte? Immer wieder die Stimme ihrer Tochter zu hören, aus einem gehäuteten, in Folie gewickelten Gesicht; immer wieder zu hören, wie sie zuerst den Tathergang beschreibt und dann, zuletzt, nur noch schwach nach ihrer Mutter ruft, ein bißchen wimmert und dann stirbt? Frau Chhabra erträgt es nicht; sie weint, lautlos, während die letzten Sekunden des Films abspielen und die Namen des Filmteams abrollen. In der Tür steht Shalinas Schwester, die zweitälteste Tochter, und nun sehen wir alle einige Minuten lang auf den Fernsehschirm, der nur noch schwarz flimmert, ehe Herr Chhabra sich besinnt und aufsteht, um ihn auszuschalten.

«Die Ehe in Indien ist ein Geschäft», erklärt uns später, angewidert, eine Sozialarbeiterin. «Wenn Sie vier Söhne haben, sind Sie Millionär. Wenn Sie vier Töchter haben, sind Sie ruiniert.»

Dabei ist der Ursprung dieser Sitte ein harmloser. Mitgift, ursprünglich war das nur eine Ausstattung, die liebende Eltern ihrer Tochter mit in die Ehe gaben. Und manchmal fügten sie noch ein paar kleine Aufmerksamkeiten für die Schwiegerfamilie hinzu. Dieser Brauch uferte jedoch schrecklich aus. Heute geht es in zahllosen Fällen nicht mehr um Geschenke, sondern um Bestechungen, Strafzahlungen und Lösegeld. Wer seine Tochter unter die Haube bringen will, muß viel bieten: ein aufwendiges Hochzeitsfest sowieso, goldene Armbanduhren, einen Kühlschrank, ein Motorrad, Schmuck für die Schwiegermutter, Saris für alle Frauen der Schwiegerfamilie, einen Farbfernseher. Geschickte Familien warten bis kurz vor der Heirat, um ihre Forderungen noch zu erhöhen. Denn die Hochzeit kurzfristig abzusagen, wäre dem Brautvater so entsetzlich peinlich, daß er ja sagen muß. Einige ganz besonders gierige Menschen warten sogar bis nach der Hochzeit. Sie sehen in dem jungen Mädchen nicht so sehr eine Braut als vielmehr eine Geisel. «Sag deinem Vater, daß er uns ein Auto kaufen soll.» «Dein Vater hat uns einen billigen, schlechten Fernseher gekauft. Sag ihm, daß er ein besseres Gerät schenken soll.» Um die Forderungen zu untermauern, wird das Mädchen beschimpft, beleidigt, geschlagen. Sie wird auch bedroht. Dann ist das, was «Ehe» heißt, eigentlich Terrorismus. «Dein Vater soll endlich das Auto bezahlen, sonst...»

Manchmal verheimlicht das Mädchen ihren Eltern solche Drohungen, weil sie sich schämt, weil sie ihrer Familie nicht noch zusätzliche Kosten verursachen will oder weil sie weiß, daß ihr Vater sich das Auto sowieso nicht leisten könnte. Manchmal gibt sie die Forderungen weiter und erhält von ihren Eltern die knappe Auskunft, daß man nun wirklich schon genug in sie investiert habe und sie jetzt selber sehen müsse, wie sie zurechtkommt, wie sie ihre neue Familie durch Fleiß, Demut und vielleicht eine schnelle Schwangerschaft auch ohne weitere Zahlungen für sich gewinnen kann. Und manchmal, gar nicht so selten, endet dieser Konflikt, wie Geiseldramen eben manchmal enden: mit der Hinrichtung der Geisel.

Dies geschieht sogar derart häufig, daß die indische Polizei vom Gesetzgeber bereits einschlägig Weisung erhalten hat: Wenn eine indische Frau in den ersten sieben Jahren ihrer Ehe stirbt, ist die Polizei angewiesen, von einem Mord auszugehen und entsprechend nachzuforschen.

Wir beginnen unsere eigenen Nachforschungen auch bei der Polizei. Die indischen Polizeistationen sind heimelig. Unter lieben Pastellbildern von turtelnden Tauben und flauschigen Kätzchen sitzen die Beamten und blättern für uns, nachdem wir die entsprechenden Bewilligungen eingeholt haben, in ihren Ordnern. Ja, gestern nacht, ein Mordversuch, das Mädchen liegt in der Verbrennungsklinik. Oder hier, vor zwei Tagen, eine Strangulierung, es ging um einen Motorscooter.

Bei Shalina ging es um Geld. Der *Pandit*, das ist der brahmanische Geistliche, der die Ehe arrangiert hatte, beschrieb die Familie zwar als gutsituiert. Tatsächlich aber gab es viele Probleme. Dieser junge Mann sollte einen Job kriegen, jener sein Studium finanziert bekommen, dieser Teil vom Haus renoviert und jenes neue Geschäftsunterfangen der Familie mit Kapital ausgestattet werden. Shalina wurde, um diesen Forderungen Nachdruck zu verleihen, geschlagen. Tagelang bekam sie nichts zu essen. Das sollte sie ihrem Vater berichten, damit er Angst bekam um sie und zahlte. «Ich habe ihr angeboten, daß sie wieder heimkommen kann», sagt Herr Chhabra. «Aber sie war sehr tapfer. Sie wollte uns nicht in Verlegenheit bringen. Sie wollte nicht, daß ihre Schwestern ihretwegen Heiratsschwierigkeiten haben.»

Shalina ertrug es bis zum Schluß, um ihre Familie nicht durch eine Trennung zu blamieren. Der Schluß: Ihr Mann überschüttete sie mit einer Flasche Whisky und setzte dann ihren alkoholdurchtränkten Sari in Brand. Dann schloß er sie, brennend, in ihrem Zimmer ein, damit sie nicht auf die Straße laufen und Hilfe erhalten konnte. Ein Nachbar hörte sie jedoch schreien und polterte so lange an der Tür, bis man ihn hereinließ. Mit einer Decke löschte er die Flammen. Aber die Familie schaltete schnell. Sie packten Shalina ins Auto, und dann fuhren sie so lange mit ihr ziellos durch die Straßen, bis sie schwor, ihre Verbrennung als Selbstmord auszugeben. Erst dann durfte sie in ein Krankenhaus.

Bei der Einlieferung war sofort klar, daß Shalina keine Überlebenschance mehr hatte, zu hochgradig waren ihre Verbrennungen. Der Arzt, Freund eines engagierten Filmemachers, rief das Videoteam herbei. Und Shalina war schon jenseits ihrer lebenslangen Rücksicht, ihrer Angst vor Skandalen und einem schlechten Ruf. Sie konnte, mit ihren letzten Worten, die Wahrheit sagen.

Viel hat es nicht genützt. Eine «Aussage auf dem Sterbebett» ist zwar nach indischem Recht ein unwiderlegbares Beweisstück. Es gab auch Zeugen und Beweise für die vorangegangenen Mißhandlungen und Bedrohungen. Aber Verurteilungen gibt es in solchen Fällen selten. Brautverbrennung, das ist Alltag, eine Privatangelegenheit. «Alle Leute sagen mir, daß ich die Sache vergessen soll», sagt Herr Chhabra. «Sie sagen, daß ich mir bloß noch größere Probleme aufbürde, wenn ich einen Skandal mache. Daß sich dann niemand finden wird, der meine anderen Töchter nimmt. Aber ich muß doch versuchen, eine Verurteilung zu erreichen. Nicht nur für Shalina, auch für die Tausende anderer Mädchen, die sonst noch umgebracht werden. Ich habe selber vier Mädchen, ich vertrete die Väter von Töchtern.»

Uns tut Herr Chhabra leid. All die Väter, die wir treffen und die den Verlust einer Tochter beklagen, tun uns leid. Sie haben alle denselben Gesichtsausdruck: eine Art ratloses Unverständnis. Die meisten von ihnen sind Geschäftsmänner; bis jetzt haben sie über Bilanzen und Schrauben und Motoren nachgedacht, sich als indische Patriarchen und Familienoberhäupter wohl gefühlt, ihre Töchter geliebt und sie der Sitte und dem Brauch entsprechend an einen Ehemann abgegeben. Und nun sind diese Töchter tot, und all die Orientierungsgrößen, an die sie ein Leben lang geglaubt haben, geraten in Zweifel: die Justiz, die Politiker, die ganze Gesellschaft. Statt dessen stehen sie ganz plötzlich auf einer Seite, die ihnen wildfremd ist. Herr Chhabra kramt in seinem dicken

Adreßbuch, um zwischen den Namen der Lieferanten und Speditionen und Autofirmen die Telefonnummer seiner neuen Bündnispartner für uns herauszusuchen: die *Feministische Aktionsgruppe Gegen Mitgift*, die *Frauengruppe Saheli*. Die Väter tun uns leid, obwohl ihr Anteil an den Tragödien so deutlich ist. Sie waren es, die diese Ehen arrangiert haben, oft gegen den Willen ihrer Töchter. Sie waren es, die der Tochter zu Langmut und Gehorsam rieten und sie zurückschickten zu ihren Peinigern. Noch heute dominieren sie das Geschehen, beantworten sie alle Fragen, beherrschen sie jedes Gespräch, während ihre Frauen, die Mütter der Mädchen, schweigend neben ihnen sitzen. Noch während sie um die älteste Tochter trauern und sich Vorwürfe machen, steht für sie fest, daß auch die nächste Tochter in eine arrangierte Ehe geschickt wird. Was denn sonst? So macht man es eben.

Manchmal sprechen die Mütter zu uns. Hastig, wenn die Männer aus dem Zimmer sind. «Ich weiß», sagt die Mutter eines Mädchens, «bei euch ist es anders. Ihr habt es gut, ihr könnt euch eure Männer selber aussuchen.» Manchmal sprechen die jüngeren Töchter zu uns. «Wie gefällt Ihnen Indien?» fragt unvermittelt die Schwester eines Opfers. Wir halten es für eine Höflichkeitsfrage und stammeln eine passende Antwort: Gewiß, ein sehr interessantes Land. Das Mädchen schweigt kurz. «Ich hasse dieses Land», sagt sie dann. «Es ist ein schreckliches Land.» Dann kommt ihr Vater ins Zimmer zurück, und sie ist wieder still.

Unserem Kollegen, dem Fotografen Jai, tun die Väter hingegen überhaupt nicht leid. Er, der abgehärtete Kriegsreporter und Profi, entwickelt eine tiefe Empörung. Bald ist er ein Einmannkomitee gegen die Mitgift. Wo immer er eine junge Frau entdeckt, am Hotelempfang, im Autoverleih, erkundigt er sich streng nach ihrem Familienstand und hält ihr, wenn sie ledig ist, einen warnenden Vortrag. Sie soll bloß keinen Mann heiraten, den sie nicht kennt. Wenn sie sich gefährdet fühlt, soll sie sofort abhauen. Auf jeden Fall soll sie ihre Ausbildung beenden. Die Väter tun ihm gar nicht leid. Ihre Tränen rühren ihn nicht, und ihre Reue findet er unglaubwürdig.

Narindar Singh, Vater von Arveen, ist eigentlich ganz seiner Meinung. «Ich bin der Mörder meiner Tochter», sagt er.

Strenggenommen stimmt das natürlich nicht; strenggenommen ist sein Schwiegersohn der Mörder, denn dieser hat Arveen erwürgt. Aber Herr Singh ist, wie er nur zu gut weiß, daran nicht unbeteiligt. Er hat die Tochter unter Druck gesetzt, einen Mann zu heiraten, der ihr auf den ersten Blick (ein zweiter wurde ihr sowieso nicht erlaubt) nicht gefiel. Er hat seine Frau überstimmt, die von einem Besuch bei den zukünftigen Schwiegereltern mit alarmierenden Botschaften über deren Habgier zurückkehrte und auf Auflösung der Verlobung drängte. Und dann hat er noch die herzzerreißenden Briefe ignoriert, in denen seine Tochter um Wiederaufnahme im Elternhaus flehte und ihr Unglück auf endlosen tränenverwaschenen Seiten schilderte. Diese Briefe trägt Herr Singh heute mit sich herum, um sich damit zu geißeln. Er zeigt sie allen Menschen, die ihm über den Weg laufen; er drängt sie, die Briefe zu lesen, und dann sollen sie ihm sagen, ob er nicht ein Mörder ist. «Wirf mich nicht weg, Papa», steht in den Briefen. «Du kannst dir nicht vorstellen, wie schlecht es mir hier geht. Laß mich heimkommen, Papa, bitte, sonst muß ich hier sterben.»

Die späteren Briefe sind nicht mehr an den Vater adressiert, sondern an die Mutter. «Sag Papa nichts von dem, was ich dir erzähle», bittet sie darin die Mutter. «Sonst ist er wieder böse auf mich.»

«Warum war sie nur so brav!» flucht ihr Vater heute. «Hätte sie sich doch geweigert, ihn zu heiraten, statt mir zu gehorchen! Hätte sie doch nur darauf bestanden, ihn zu verlassen!» Das sagt er heute. Auf ihre Anrufe, auf ihre Briefe hatte er damals eine andere Antwort: Er riet der Tochter zur Geduld. Er riet ihr, ein Kind zu bekommen, um die Familie milder zu stimmen. Sogar diesen letzten Rat hat sie noch brav befolgt und der Familie damit ein weiteres Erpressungsopfer geliefert. Heute sagt der Schwiegersohn, daß Arveens Eltern das Enkelkind haben können – wenn sie die Mordanklage zurückziehen.

«Ich habe nichts als Fehler gemacht», sagt Narindar Singh und muß sich kurz abwenden, um seine Tränen wegzuwischen. Wir sitzen, wieder einmal, in einem Wohnzimmer. Diesmal in Bombay, in einem Apartment im Luxusviertel der Emporkömmlinge und Neureichen, für das spöttische Zungen den Namen «Folly-wood» erfunden haben. Wir trinken wieder einmal Tee, und eine stumme, resignierte Mutter bringt uns Kekse und serviert uns Äpfel in dünnen Scheiben.

Ein Jahr ist es her, seit Arveen getötet wurde, und ihre Familie hat sich scheinbar für immer in einem Mausoleum eingerichtet. Ein übergroßes Porträt der Tochter ziert den Couchtisch. Die Kleider des Enkelsohnes, vor langer Zeit gekauft für einen erhofften Besuch, sind fein säuberlich in einem Koffer verstaut; ohne sie erhalten zu haben, ist er ihnen längst entwachsen. Es gibt auch das obligate Hochzeitsvideo, auf dem wir Arveen in schillernden Kleidern sehen; der Bräutigam steht, mit einer Girlande aus Geldscheinen um den Hals, neben ihr. Und noch ein Bild von Arveen, aus dem gerichtsmedizinischen Institut, mit einer Girlande aus Würgemalen um den Hals.

Das Speisezimmer ist zur Kommandozentrale für Arveens Rächer geworden. Akten, Zeitungsausschnitte, Schreiben an Politiker stapeln sich auf dem Eßtisch, ihr Bruder verhandelt telefonisch mit Anwälten in Delhi. Während er früher Werbekampagnen entwarf, arbeitet Herr Singh heute an einer besonderen Anzeigenkampagne: «Meine Tochter ist tot. Sie wurde ermordet von ihrem Mann und ihren Schwiegereltern.» Diese Botschaft soll an die Öffentlichkeit, nach einem sorgfältigen Plan, der genau danach kalkuliert ist, den Schwiegereltern die größtmögliche Peinlichkeit zuzufügen.

Sein Sohn und Assistent in dieser Kampagne ist verlobt. Wir sehen das Verlobungsvideo. Seine Braut hat ein glitzerndes Kleid an, und seinen Hals ziert eine Girlande aus Geldscheinen.

Bis jetzt kennen wir die Mädchen nur über ihren Nachlaß: Familienalben, glitzernde Hochzeitsfotos, flehentliche Briefe und zum Abschluß ein Polizeifoto von der Leiche. Deshalb ist uns ganz besonders daran gelegen, mit «Bebi» zu sprechen. Sie hat, nach 78 Stunden im Koma, einen Mordversuch überlebt.

Es ist ein beeindruckendes Haus, vor dem unser Taxifahrer hält. Mehrere teure Autos stehen davor, der schattige Garten ist von einer Mauer umgeben. Bebis Bruder, der uns öffnet, ist adrett, modern; er studiert in England und ist nur zu Besuch da. Bebi ist nicht zu Hause; sie ist mit ihrem Vater beim Anwalt. Außerdem gibt es ohne «Daddy» ohnehin kein Gespräch; er muß entscheiden, ob die Familie mit uns spricht oder nicht. Während uns das alles erklärt wird, kommen Bebis Mutter dazu, ihre jüngere Schwester und ihr anderer Bruder, ein interessierter Nachbar und auch der Taxifahrer, der über diesen Fall in der Zeitung gelesen und dazu eine Meinung hat. Und schon wird ausführlichst erzählt, im Garten, während Millionen Moskitos unsere Beine zerstechen und wir uns dringend in einen bodenlangen Sari hineinsehnen. Und dann, viel später, werden wir freundlich verabschiedet und gebeten, morgen früh wiederzukommen, wenn Daddy da ist.

Am nächsten Morgen ist Daddy noch im Bad. Aber es wäre zu unhöflich, uns erneut auf der Straße stehenzulassen, also empfängt Bebi uns im modernen Wohnzimmer. Sie ist ein schönes Mädchen: lange, schwarze Haare, ein weiches Gesicht, ein eleganter blitzblauer Sari, eine sanfte Stimme, eine gewählte Ausdrucksweise. Sie war auf der Uni, hat studiert. Ihre Brüder gehen beide in London zur Schule. Sie aber mußte, nach ihrer Diplomprüfung, traditionsgemäß verheiratet werden.

Der erste Kandidat hätte Bebi gut gefallen. Aber der war dem Vater zu modern; er trug keinen Turban mehr und hatte sich den Bart rasiert, beides Dinge, die ein frommer Sikh nicht tun darf. Der nächste Kandidat kam aus einer strenggläubigen Familie, durfte daher auch Ansprüche stellen. Er war bereit, Bebi zu heiraten. Aber ihr Vater mußte ihm ein Auto kaufen, das Mädchen sollte keinerlei Kontakt mit ihrem Elternhaus mehr pflegen, und sie durfte keinen Beruf ausüben. Statt dessen sollte sie eine gefügige, demütige indische Braut sein und sich ganz an ihre neue Familie anpassen. Kein Wunder, daß Bebi mit einem flauen Gefühl im Magen ihren Hochzeitstag begann. «Ich habe den ganzen Tag davon geträumt, daß mein Vater die Zeremonie unterbricht und sagt: ‹Komm Bebi, wir gehen wieder heim.›»

Er sagte nichts dergleichen. Und Bebi zog mit ihrem neuen Mann zu seinen Eltern, seiner Schwester und seinen drei Brüdern. Dort hatte jedes Familienmitglied Anweisungen für sie. Ihre Kleider waren häßlich. Sie saß komisch da. Ihr Englisch war nicht gut genug. Sie war nicht schön genug. Sie sollte nicht sprechen. Worum es wirklich ging, war Geld. Bebis Vater war wesentlich wohlhabender als diese Familie, und er sollte mit zusätzlichen generösen Geschenken eine bessere Behandlung seiner Tochter erkaufen. Als sie es gar nicht mehr aushielt, flüchtete Bebi zu ihren Eltern. Die Mutter wollte sie gerne dabehalten, aber Daddy schickte sie zurück; die Schmach einer Trennung, das war undenkbar. Eine Frau verläßt ihren Mann nicht. Er schickte sie zurück, und wenige Tage später versuchte ihr Mann, sie mit dem Schal ihres Saris zu erdrosseln. Dann kam Bebi ins Krankenhaus, auf die Intensivstation. Und ihr Mann kam ins Gefängnis.

Bebi ist eine außerordentlich liebe, intelligente junge Frau. Ihre Brüder sind aufgeschlossen, Anteil nehmend, besorgt. Ihre Mutter ist liebevoll, kultiviert, nachdenklich. Die Stimmung ist gut. Bebi lächelt sogar, und wir sprechen von ihrer Zukunft. Es werden einige Ideen entwickelt. Sie könnte mit ihren Brüdern in London leben, dort weiterstudieren. Sie könnte zu Verwandten nach Delhi ziehen – auch so könnte sie dem Skandal ausweichen. Sie könnte, ihr lebenslanger Traum, die Hotelfachschule besuchen und dann am Empfang eines großen Hotels arbeiten, eines *Hilton*, eines Interconti. Dort machen viele indische Mädchen aus guter Familie Karriere, das gilt als respektabel.

Aber nun kommt Daddy. Frisch gebadet, im strahlendweißen neuen Turban, schreitet er diktatorisch im Wohnzimmer ein. Und Daddy hat einen anderen Plan. Er hat, gerade eben, mit seinem Anwalt organisiert, daß der Schwiegersohn auf Kaution freikommt.

Seine Tochter wird sich einige Wochen lang erholen, denn sie ist sehr «nervös».

Und dann wird er die «jungen Leute versöhnen».

Denn eine junge Braut gehört zum Ehemann, und Probleme kann es am Anfang einer Ehe immer geben. Den eigenen Ehemann dagegen anzeigen, sich scheiden lassen – das ruiniert den Ruf eines Mädchens, ihrer Schwester und ihrer Familie endgültig. Das kann Daddy nicht zulassen.

Dieses Wohnzimmer verlassen wir fast noch bedrückter als sonst.

Um uns abzulenken, versuchen wir, uns in die Situation unserer Gesprächspartner zu versetzen.

Eine Kleinstadt, sagen wir in Bayern. Es kommt zu einer Familientragödie, die Tochter ist ermordet worden. Die Familie versammelt sich, hat das schreckliche Ereignis noch nicht verkraftet. Plötzlich klingelt es an der Tür. Wer kann es sein? Nachbarn vielleicht, oder der Pfarrer? Aber nein: Vor der Tür stehen drei Inder. «Guten Abend», sagen sie. «Wir kommen aus Bombay. Wir arbeiten für die Zeitung *Bombay Star*, wir haben von Ihrem traurigen Ereignis gehört und möchten darüber eine Geschichte schreiben.»

Würden die bayrischen Kleinstädter sie hineinlassen? Wahrscheinlich, allein schon aus Fassungslosigkeit und Überrumpelung.

Ashas Familie jedenfalls läßt uns herein. Es sind viele Leute da, denn sie ist erst gestern gestorben. Erst vorgestern hat sie geheiratet. Wir werden auf das Sofa gesetzt und bekommen Tee. Wir sehen das Familienalbum. Es ist ein ärmerer Haushalt, aber ein Videogerät gibt es auch hier, sorgfältig eingewickelt in eine Wolldecke. Es wird ausgepackt, und wir sehen das Hochzeitsvideo. Asha ist schön, auffallend schön: schlank und graziös, mit sehr gleichmäßigen Gesichtszügen. Der Bräutigam ist weniger schön. Er ist ihr Onkel, und ihn haben wir gleich zweimal vor uns. Einmal live, im Wohnzimmer, und einmal auf dem Bildschirm, herausgeputzt mit einer Halskette aus Geldscheinen, die Arme bis zum Ellbogen mit Ocker gelb gefärbt. Asha wollte ihn nicht heiraten, erfahren wir im Lauf der Erzählung, aber «bei uns ist das so». Wenn ein düsterer, feister Onkel das Mädchen haben will, hat er Vorrang. Also hat Asha ihn geheiratet, am Montag. Und am Dienstag hat sie sich umgebracht.

Wir betrachten den Bräutigam mit Interesse. Wie fühlst du dich, wenn du weißt, daß eine Frau lieber tot ist, als noch eine zweite Nacht mit dir zu verbringen? Wenn er etwas fühlt, zeigt er es nicht. Ohne sichtliche Rührung sieht er auf den Bildschirm, betrachtet die tanzenden, johlenden Hochzeitsgäste, die stille Braut und sich selbst. Im Film hat Asha kiloweise Goldschmuck auf dem Kopf. In den zahlreichen Zeremonien tut sie alles, wozu sie angewiesen wird, aber ihr Gesicht ist dabei ausdruckslos, ihre Augen sind verzweifelt. Sie geht hierhin, sie geht dorthin. Sie taucht ihre Arme in gelben Ockerstaub. Sie setzt sich, sie steht auf. Als sie tanzen soll, bewegt sie sich nicht. Zwei Verwandte nehmen daraufhin ihre Arme und schubsen sie, einen Tanz simulierend, nach rechts und nach links.

Diese Braut war verzweifelt; das sieht man, und ihre Familie spricht davon mit großer Unbefangenheit. Sie erzählen offen, daß das Mädchen diesen Mann nicht heiraten wollte. Sie erzählen es ohne Bedauern, denn sie wissen ja, daß ihr Tod eine ganz andere Ursache hatte. Die Ursache liegt darin, daß schon ihre ältere Kusine vor zehn Jahren einen Mann heiraten mußte, den sie nicht wollte, und sich danach umgebracht hat. Und der böse Geist dieses Mädchens hatte sich nun Ashas bemächtigt und sie gezwungen, dasselbe zu tun. Eigentlich hatte Asha selber schuld, denn sie hätte im Haus dieser Kusine niemals etwas zu sich nehmen dürfen, aber in der Woche vor der Hochzeit war sie dort zu Besuch, und sie hat ein Glas Wasser getrunken. In diesem Wasser steckte der böse Geist, der Asha nun geholt hat.

Nach der Filmvorführung dürfen wir hinaufgehen in den oberen Stock, in Ashas Zimmer. Dort stehen wir vor dem, was von ihr in diesem Haus noch übrigblieb: ein verkohlter Umriß auf dem Boden. Hier hat Asha sich verbrannt, gestern nacht. Vorgestern nacht stand sie noch in diesem Zimmer und dachte daran, daß sie jetzt mit ihrem verhaßten Onkel verheiratet war, für immer und ewig, und daß es kein Entkommen mehr gab. Und dann fiel ihr doch noch ein Entkommen ein. Hat sie sehr lange gezögert? Hat sie noch über diesen Balkon geschaut, hinunter auf die staubige, enge Straße, bevor sie sich mit Benzin übergoß und mit einem Zündholz in Brand setzte?

Neben dem Umriß ihres Körpers, der den Punkt markiert, wo sie dann brennend zu Boden fiel und liegenblieb, steht eine kleine Tonschale auf dem Boden. Eine Schale mit Öl, ein Gedenklicht. Vier Wochen lang muß es brennen, so will es die Sitte, und auf die Sitte wird hier großer Wert gelegt.

Die verlorenen Töchter

Bis daß der Tod euch scheidet

In den Berichten der Menschenrechtsorganisationen fehlen sie: die Kasernen und Straflager, in die Frauen in vielen Ländern der Dritten Welt eingesperrt werden, wenn sie zu Opfern männlicher Gewalt geworden sind. Dort bleiben sie, bis irgendein Fremder sie abholen kommt. «Rehabilitierung durch Ehe» heißt das. Die Glücklicheren von ihnen werden schon als Kinder adoptiert, von irgendwelchen Europäern, die – indische und pakistanische Sozialarbeiter sprechen davon mit Staunen – sogar ein Mädchen freiwillig in ihre Familien aufnehmen.

«Eine Frau ohne Mann ist wie ein Fisch ohne Fahrrad.» An den altbekannten Provokationsspruch westlicher Feministinnen müssen wir oft denken während dieser Reise. Hier verhält es sich etwas anders. Eine Frau ohne Mann, hier ist sie ein Mensch ohne Überlebenschance.

Und dennoch gibt es Frauen, die es bei ihrem Beschützer nicht aushalten. Junge Ehefrauen, die von der Schwiegerfamilie gequält und bedroht werden und die davonlaufen. Mädchen, die vom Stiefvater vergewaltigt werden. Das gibt es bei uns in Europa auch, und es gibt Frauenhäuser und Mädchenhäuser, die diesen Frauen Unterkunft gewähren. Die gibt es auch hier. Ein solches Heim, in Neu-Delhi, zeigt uns die Sozialarbeiterin.

Ein vierstöckiges Haus. Wir dürfen jede Etage besichtigen. Die Sozialarbeiterin begleitet uns, mit einem dicken Schlüsselbund; sie sperrt in jedem Stockwerk eine vergitterte Tür auf, um uns hineinzulassen, und sie sperrt hinter uns wieder sorgfältig zu.

Die Eisentüren fallen ins Schloß; wir sehen uns um. Ein düsterer Saal. Nachts werden Matten ausgerollt, für die Frauen und ihre Kinder. Tagsüber werden in den Ecken kleine Werkstätten aufgestellt; dort sitzen die Frauen und verpacken Schrauben in Kartons, wickeln Drähte, leisten andere Kleinarbeit für die umliegenden Fabriken. Eine sehr junge Frau hat den Arm in Gips. Vom gewalttätigen Ehemann? Nein, sie hat versucht, das Heim eigenmächtig wieder zu verlassen, indem sie aus dem Fenster sprang. Und das geht nicht, denn das Heim ist straff geführt und hat einen guten, seriösen Ruf. Wenn eine Frau erst mal da ist, dann ist das Heim auch für sie verantwortlich. Frau Chowdry zeigt uns im Büro die Unterlagen; jede volljährige Frau muß bei der Ankunft einen Bogen unterschreiben, in dem sie «Gehorsam gegenüber der Heimleitung» gelobt. «Mit meiner Unterschrift nehme ich zur Kenntnis, daß ich im Falle von Ungehorsam an meinen Ehemann/meine Familie ausgehändigt werde.»

Frauen, die sich wohlverhalten, müssen nicht zu einem Mann zurück, der sie in unzumutbarer Weise mißhandelt hat. Frau Chowdry blättert in ihren Unterlagen und sucht für uns die Jahresstatistik heraus. Etwa ein Drittel der Frauen wurde mit der Familie versöhnt und ging wieder heim. Die übrigen wurden «rehabilitiert». Es gibt zwei Formen der Rehabilitierung. «Rehabilitierung durch Arbeit» ist die erste, und sie zielt vorwiegend auf ältere Frauen oder auf Witwen mit vielen Kindern. Dabei wird der Frau irgendeine Fertigkeit beigebracht, damit sie dann, als Näherin zum Beispiel, überleben kann. Der zweite Rehabilitierungsansatz heißt «Rehabilitierung durch Ehe». Das funktioniert so: Männer, die eine Frau wollen, melden sich bei der Direktion. Dort wird dann nach Gutdünken eine passende für sie ausgesucht, eine Hochzeit wird abgehalten, und ab geht die Frau mit dem ihr völlig fremden Mann. Frau Chowdry deutet stolz auf eine junge Frau, die Glühbirnen verpackt und dabei ein kleines Kind auf dem Schoß hält. Die dort zum Beispiel, für die konnte man einen geeigneten neuen Mann finden. Witwe ist sie, und in zwei Wochen ist die Hochzeit. Auch das Kind ist schon versorgt, berichtet Frau Chowdry zufrieden. Es wurde bereits ein Platz in einem Waisenheim für das kleine Mädchen organisiert. Natürlich, denn Kinder kann man in eine neue Ehe nicht mitnehmen. Es kann keinem Gentleman zugemutet werden, das Kind eines anderen aufzunehmen; wenn er eine Frau aus zweiter Hand akzeptiert, hat er doch schon Langmut genug bewiesen.

Viele solcher Heime besuchen wir auf unserer Reise durch den Subkontinent. In Delhi, in Bombay, in Lahore, in Islamabad, in Rawalpindi, in Karachi. Keines davon verzettelt sich in langwierigen Grundsatzdiskussionen, sondern es herrscht einstimmig das Prinzip: Tierasyl. Geschlagene und mißhandelte oder einfach nur herrenlose Kreaturen warten darauf, von einem neuen und hoffentlich netteren Besitzer abgeholt zu werden.

Eine Frau ohne Mann? Hier ist das wie ein Fisch ohne Wasser, wie ein Fahrrad ohne Räder. Eine Frau kann nirgends allein wohnen; selbst wenn sie das Geld hätte, würde niemand ihr ein Zimmer vermieten. Kamala Patel, eine elegante ältere Frau, die der

All India Women's Conference angehört, hat auch schon reiche Frauen in Asylen einquartiert. Erst letzte Woche kam eine Frau im goldbestickten Sari, eine Kassette mit wertvollem Schmuck bei sich; die Schwiegerfamilie mißhandelte und bedrohte sie, aber die eigenen Eltern wollten sie nicht aufnehmen, weil sie keinen Skandal wollten. Die elegante, zierliche ältere Dame ist seit Jahrzehnten damit befaßt, Frauen zu beherbergen. Damals, als Pakistan und Indien sich gewaltsam trennten, hat sie damit begonnen. Damals waren zahllose Frauen entführt und vergewaltigt worden oder in den Kriegswirren verlorengegangen, und Frau Patel versuchte, ihnen zu helfen. Danach wäre sie gerne in ihr bequemes Eliteleben als Tochter eines reichen Geschäftsmannes und Frau eines weiteren reichen Geschäftsmannes zurückgekehrt, aber es ging nicht. «Wissen Sie», sagt sie, «damals passierten so viele schreckliche Dinge, daß man sie gar nicht mehr richtig wahrnahm. Aber dann geriet ein neunjähriges Mädchen zu mir, das entführt worden war. Es gelang mir, ihre Familie ausfindig zu machen. Ich brachte sie zu ihrem Vater. Und der wollte sie nicht mehr. ‹Wer weiß, wie viele Männer sie inzwischen gehabt haben›, sagte er. Ich habe mich sehr um das Mädchen bemüht, und schließlich haben Freunde von mir sie adoptiert. Aber bis heute kann ich ihr Gesicht nicht vergessen; ihr Gesicht, als ihr Vater diese Worte sprach. Und seither konnte ich nicht mehr aufhören, den Frauen unseres Landes irgendwie zu helfen.»

Die Jüngsten unter den Unerwünschten besichtigen wir im Waisenheim. Wobei Waisenheim hier eigentlich «Mädchenheim» heißen müßte.

Sharmila Sinha, eine junge Sozialarbeiterin, führt uns durch die Säle. «Kleine Buben sehen wir hier sehr, sehr wenige», sagt sie. Sehr selten wird einer abgegeben, etwa weil er unehelich geboren wurde oder körperlich behindert ist. Erstere bleiben nicht lange, werden gerne adoptiert. «So schnell sie kommen, sind sie wieder weg.» Die meisten Mädchen bleiben hingegen bis zur Pubertät; dann werden sie «rehabilitiert durch Ehe». Manche werden adoptiert, aber von Europäern; denen mache es nichts aus, ein Mädchen zu nehmen, ja manche wünschen sich sogar ausdrücklich ein

Mädchen, wie Sharmila staunend weiß. Aber na ja, aus Skandinavien kommen ja sogar Leute und nehmen sich ein behindertes Kind. Rätselhaftes Europa.

Islamabad, die Hauptstadt von Pakistan. Wieder sind wir in einem Heim, diesmal in ehemaligen Militärbaracken, in denen heimatlose Frauen und Kinder einquartiert sind. Es werden zwei Stühle für uns gebracht und auf der Wiese vor den Wohnräumen aufgestellt. Dann werden uns die Heimbewohner vorgeführt: Sie stehen vor uns, manche freundlich, manche unbeteiligt, während der Heimleiter in knappen Sätzen ihre Biographie zusammenfaßt oder sie auffordert, uns selbst ihr Schicksal zu erzählen.

Auch ein paar Jungen leben in diesem Heim. Der erste ist retardiert, er weiß weder seinen Namen noch seine Adresse, noch sonst irgend etwas über sich selbst. Der zweite, ungefähr acht Jahre alt, ist von zu Hause ausgerissen und kam 300 Kilometer weit, bis hierher, ehe er von einer Sozialarbeiterin gefunden und ins Heim gebracht wurde. Seine Eltern haben ihn so geschlagen, daß er davonlief. Diese Eltern werden nun gesucht, beziehungsweise der Heimleiter ist davon überzeugt, daß sie sich sehr bald melden werden. Der elterliche Instinkt werde sich früher oder später regen, dann «wird die Mutter weinen», und «der Vater wird seinen Sohn suchen gehen».

Der dritte Junge ist schon 14 Jahre alt. Er wurde entführt im Zuge einer Familienfehde. Die Pakistanis haben von den Engländern die Kunst des feinen Understatements gelernt: «There was a bit of a dispute», bemerkt der Heimleiter, und meint damit Mord und Totschlag. Dieser Junge also wurde entführt und in einer entlegenen Provinz an einen Arbeitstrupp verkauft. Er zeigt uns seine Hände, dicke Schwielen von der Arbeit im Bergbau. Aber er konnte fliehen, und nun werden seine Eltern gesucht.

Die Mehrheit der Heimbewohner sind jedoch Frauen und Mädchen. Wie wir es schon aus dem Nachbarstaat Indien kennen, so läuft es auch hier: Handarbeitstraining für die älteren Frauen, ein Bräutigam für die jüngeren. Die Sozialarbeiterin ist modern, jung, sehr städtisch; wir beschließen daher, endlich einmal unsere kritischen Gedanken zu äußern. Die Vorstellung, einem wildfremden

Mann übergeben zu werden, den man vor der Ehe nicht ein einziges Mal gesehen, geschweige denn gesprochen hat, mit dem man aber dann für den Rest seines Lebens auskommen soll, erscheint uns völlig abseitig. Kann diese nette junge Sozialarbeiterin das normal finden? Wir formulieren unsere Zweifel vorsichtig. Die Sozialarbeiterin lächelt nur milde, antwortet aber nicht.

Die Frage wirkt in ihr offenkundig weiter. Später, im Auto, als sie mit uns zum nächsten Heim fährt, fragt sie, ob wir verheiratet seien. Ja? Wie lernt man sich eigentlich kennen in Europa? Man lebt dort ja, wie sie weiß, in Kommunen, nicht wahr, viele Männer und Frauen zusammen? Sie sagt das ganz freundlich, ohne Mißbilligung. Unsere Sitten findet sie grauenhaft, und sie geht davon aus, daß unsere Moral erbärmlich ist, aber das will sie uns nicht zum Vorwurf machen. In ihrem freundlich-interessierten Gesichtsausdruck sehen wir das verzerrte Spiegelbild unserer eigenen, journalistisch-übertoleranten Art. Soso, ja, Sie haben Ihre dreizehnjährige Tochter dann an Ihren Onkel verheiratet, aha. Dieses Baby kommt jetzt in ein Waisenheim, weil Sie für ihre Mutter einen neuen Bräutigam gefunden haben, ja natürlich.

Sie ist auch verheiratet, erzählt uns die Sozialarbeiterin. Ihr Mann arbeitet beim Fernsehen. Hat sie ihn vor der Hochzeit gesehen? Sie lächelt. Ja, auf einem Foto. Auf einem kleinen Foto, fügt sie hinzu. Sie zeigt eine halbe Handfläche: so groß. Ihr mildes Lächeln ist nicht zu deuten. War das Foto groß genug? Hat es eine Rolle gespielt, was sie von dem Foto hielt? Was bedeutet ihr unser Entsetzen angesichts der Idee, mit einem vollkommen fremden Mann verheiratet zu werden? Sie spielt mit den Falten ihres gelben Sari und behält die Antworten auf diese Fragen für sich.

Mädchen, Frauen – ein unerwünschter Menschentypus, eine Last, eine Plage. Soviel haben wir schon begriffen. Und dann wird uns, am letzten Abend unseres Indien-Aufenthaltes, die Endlösung für Frauen vorgestellt.

Wir sind schon ganz in der richtigen Stimmung dafür. Bombay bei Nacht, das ist *Apocalypse Now.* Der Verkehr weicht, die Straße wird zum erweiterten Slum. Am Rand der Fahrbahn rollen diejenigen, die kein Stückchen Trottoir, keinen Quadratmeter stillgelegtes Eisenbahngleis ihr eigen nennen, ihre Matten aus. Die Glücklicheren kehren heim zu ihrem Fleckchen Gehsteig, wo ihr Zuhause steht: aus Pappe, aus alten Müllsäcken, aus Blech. Dort hausen sie, knochige Männer, hagere Frauen, zerlumpte Babies, vom Hunger miniaturisierte Menschen. Sie überleben, allem zum Trotz; baden in Pfützen, bohren die städtische Wasserleitung für Trinkwasser an, picken sich gegenseitig die Läuse aus den Haaren, während rund um sie herum Indiens modernste Großstadt pulsiert. Es ist so, als ob hier zwei gänzlich verschiedene Städte ineinander verkeilt wären und sich dennoch kaum berühren würden. Wir kämpfen uns durch den Alptraum der ersten hindurch zum vergitterten Eingangstor eines Luxusapartmentkomplexes, der zur zweiten gehört. Ein Summer ertönt, und wir sind drinnen. Ein Aufzug hebt uns in den 15. Stock. Die Stahltüren öffnen sich, und wir wissen nicht, in welchem Film wir gelandet sind. Star Trek? Oder James Bond, in der Höhle des Dr. No?

Nicht Dr. No, sondern Dr. Pai gewährt uns eine Audienz. Er ist der Leiter der berühmten Pearl Clinic und einer der angesehensten Chirurgen Indiens. Den Termin haben wir nur bekommen, weil ihm an der Verbreitung seiner Ansichten gelegen ist. Er empfängt uns am Eingang seines strahlenden, ganz in Weiß gekachelten und mit schrillem Neon erleuchteten Wohnzimmers – dieser Raum hatte ursprünglich einmal der Operationssaal einer in diesem Stockwerk geplanten Klinik werden sollen, deren Einzug dann die Nachbarn verhinderten; so ist er statt dessen selbst hier eingezogen. Er führt uns zum Fenster und zeigt mit majestätischer Geste hinunter auf ein Bombay, das aus der Höhe ganz anders aussieht und nur mehr aus Licht, Lärm und menschlichem Gewirr besteht. Er heißt uns Platz nehmen auf futuristischen, asymmetrischen Möbeln aus Plastik, Stahl und Glas. Er erzählt, zur Auflockerung, eine Anekdote über den letzten Ärztekongreß in Miami, eine lange Geschichte, die davon handelt, daß mehrere Ärzte spätnachts betrunken und nackt auf dem Strand lagen. Er schickt seine elegante Frau hinaus, um heiße Käsebällchen, Ketchup und Tee zu unserer Bewirtung zu holen. Und dann erklärt uns Dr. Pai, ganz liebenswürdig, wie und warum er uns gerne, bis auf wenige Exemplare, ausrotten möchte.

«Die Anzahl der Frauen muß drastisch reduziert werden», sagt er. Und zwar nicht erst in der nächsten Generation, durch Geburtenkontrolle, Sterilisierungen oder ähnliches. Sondern jetzt gleich.

Die medizinische Technik dafür liefert eine Methode: Amniozentese heißt der Test. Im Westen sind es meist Frauen ab 35, die diesen Test machen lassen, um zu Beginn einer Schwangerschaft festzustellen, ob ein genetischer Fehler vorliegt. Und diese Tests liefern, beiläufig, noch eine andere Information: Sie lassen erkennen, welches Geschlecht das Kind hat. Manche Europäer haben gar kein Interesse an dieser Information, sie wollen überrascht werden. Auf Überraschungen dieser Art legt man im Arabischen Golf und in Indien keinen Wert. Dort machen viele Leute den Test ausschließlich, um das Geschlecht zu bestimmen, denn sie wollen einen Sohn oder gar nichts. Wenn der Test zeigt, daß hier eine Tochter im Entstehen ist, lassen sie abtreiben.

So betrachtet ist die Amniozentese sehr passend. Geschlecht weiblich: Hier *ist* das ein genetischer Fehler. In Indien traf diese neue Technologie auf besonders große Nachfrage. An allen Straßenecken entstanden kleine Kliniken, die diesen Service anbieten; McDonald's für die mädchenlose Gesellschaft.

In Bombay, nicht aber im übrigen Indien, konnten Frauengruppen erreichen, daß dieser Service für illegal erklärt wurde. Das hat Dr. Pai empört, hat ihn zum Missionar gemacht. Denn er glaubt an diese Methode. «Die Frauen müssen reduziert werden, bis auf ganz wenige», sagt er und fragt fürsorglich, ob unser Tee auch heiß genug sei. Und wir sitzen da, vor unseren Käsebällchen mit Ketchup, und geben uns ganz dem merkwürdigen Gefühl hin, darüber aufgeklärt zu werden, daß Lebewesen wie wir eigentlich schon vor der Geburt identifiziert und ausgemerzt gehören.

Vielleicht bemerkt auch Dr. Pai, daß hier ein kleiner Stilbruch in seiner perfekten Gastfreundschaft vorliegt. Denn er beeilt sich, uns zu versichern, daß seine Zielsetzung eine absolut frauenfreundliche ist. Aus Mitleid mit den Frauen kämpft er für diese Maßnahme. Denn in diesem Land geht es den Frauen schlecht, so schlecht. Sie werden mißhandelt, getötet, kaum wie Menschen behandelt. Aber wenn sie erst einmal sehr rar geworden sind, wird ihr Wert steigen, werden die Männer schonungsvoller mit ihnen umgehen.

«Heute verachten die Männer die Frauen, weil jeder Mann ganz leicht eine Frau bekommen kann», erklärt uns Dr. Pai. «Aber wenn Frauen selten sind und Männer um sie kämpfen müssen, werden sie wertvoller sein.» Das durchschnittliche Frauenleben heute sei doch kaum lebenswert. «Überlegen Sie doch», fordert Dr. Pai uns auf: «Was für ein Leben hat eine Frau denn hier? Von der ersten Stunde an will keiner sie haben. Die Mädchensterblichkeit ist unvergleichlich höher als die von Söhnen. Wenn ein kleines Mädchen krank wird, gehen ihre Eltern mit ihr nicht einmal zum Arzt. Als Baby merkt das Mädchen vielleicht noch nichts davon, aber bald bekommt sie zu spüren, daß sie nichts gilt. Ihr eigener Vater will nicht, daß sie lebt, und wird zornig bei ihrer Geburt. Ihr Bruder bekommt das gute Essen, sie bekommt die Reste. Auch wenn sie sehr intelligent ist, darf sie nicht zur Schule gehen. Es gibt nur eine Lösung: Man muß die Anzahl der Frauen reduzieren.» Und nur eine Methode: Mädchen vor der Geburt schon identifizieren – und abtreiben.

Dr. Pai spricht dabei nicht gerne von Geschlechtsbestimmungstests. Viel wissenschaftlicher erscheint ihm der Begriff «genetische Beratung». Eine «hitlerianische Idee», fügt er freundlich erläuternd hinzu.

Kann einem im 15. Stock schon schwindlig werden? Dr. Pai, hinter sich eine Wand voll internationaler Diplome und Auszeichnungen, schön eingerahmt, scheint bei seinen zahlreichen Auslandsbesuchen noch nicht bemerkt zu haben, daß «hitlerianisch» kein umgangssprachliches Güteprädikat ist.

Aber abstrahieren wir davon. Abstrahieren wir von Dr. Pai, der diesen Mißbrauch des Tests nicht erfunden hat, und abstrahieren wir auch von unseren Gefühlen. Lassen wir auch noch die Frage beiseite, ob der Tod einem durchschnittlichen Frauenleben in Indien vorzuziehen ist, wie zumindest dieser eine gebildete, bereiste Inder meint.

Dann bleibt immer noch die Tatsache, daß man hier, ungestraft, eine ganze Volksgruppe zum Abschuß freigeben kann. Man verbrennt sie, läßt sie gezielt neben ihren Brüdern hungern und praktiziert sogar in aller Gelassenheit ihre Liquidierung. Auf andere Gruppen übertragen, wäre ein solches Programm schwer vorstellbar. Bei Schwarzen hieße es Rassismus. Bei Juden hieße es Pogrom. Bei Frauen hat es keinen Namen – und niemand kümmert sich darum.

Die Geschichte der Dienerinnen

Die Verbrechen der Freiheitskämpfer

In Peshawar, einer pakistanischen Kleinstadt nahe der afghanischen Grenze, leben drei Millionen Flüchtlinge aus Afghanistan. Doch während sich die Männer unter ihnen hier in Sicherheit wiegen können, tobt ein anderer Krieg im Inneren der Lager weiter. Die Frauen kämpfen ihn, still und leise und mit vielen Todesopfern – einen Krieg gegen den Zwang, ständig und von frühesten Jahren an unter allen Umständen gebären zu müssen und keinen anderen Wert als diesen zu besitzen. Diesen Krieg haben sie verloren, schon lange.

Peshawar. Wie sollen wir diesen Ort beschreiben? Wir können sagen, das Peshawar eine Kleinstadt ist, in Pakistan, nahe der afghanischen Grenze. Daß es früher ein verschlafener, von der Weltgeschichte vergessener Ort war, bis ein politisches und kulturelles Erdbeben es erschütterte und zu einer Metropole machte: einer Metropole der Gewalt, des Drogenhandels, des Waffenschmuggels, der Attentate, des Wahnsinns. Wir können darauf hinweisen, daß im Umfeld dieser Stadt drei Millionen afghanische Flüchtlinge in Lagern untergebracht sind.

Dann können wir noch den Ort selbst beschreiben, aber womit sollen wir beginnen? Mit dem Staub vielleicht, der sich wie ein beständiger gelber Nebel über den tosenden Lärm und das Menschengewirr der Straßen legt? Mit den Männern, verhüllt in Decken, bewaffnet mit Gewehren, die sich durch die Gassen drängen, immer wachsam Ausschau haltend nach einem möglichen Feind? Oder mit den Entwicklungshelfern, exotisch hier mit ihren blonden Haaren und ihren blauen oder grünen Augen, die leicht verängstigt wirken, seit ihresgleichen öfter entführt werden? Oder vielleicht mit den leuchtendweißen Tafeln, merkwürdige Relikte der englischen Kolonialzeit, die den Mittelstrich der Straßen zieren und pädagogisch wertvolle Slogans vermitteln: «Smile!», «Better alone than in bad company!»?

Frauen müssen wir in unserer Beschreibung jedenfalls nicht erwähnen, denn sie sieht man nicht. Hin und wieder vielleicht eine, ein vorbeihuschender Schatten in einem plissierten Überwurf, der alles verhüllt, sogar die Augen, und nur vorne durch ein dichtes Stoffgitter eine Sichtmöglichkeit gewährt. Wenn wir die Frauen sehen wollen, müssen wir sie woanders suchen: hinter Mauern, hinter Zeltwänden. Das Gitter, das ihre Augen verdeckt, ist das richtige Sinnbild für ihr Leben. Ein Leben hinter Gittern, eine lebenslange Haftstrafe, ein Urteil ohne Begnadigungsmöglichkeit für das Vergehen, als Frau auf die Welt gekommen zu sein.

Dr. X ist ein rundlicher, energischer Mann, der in dieser Grenzprovinz ein Spital leitet. Genauer dürfen wir ihn nicht beschreiben, zu seinem Schutz. Denn Dr. X tut etwas sehr, sehr Radikales, und viele andere Vorkämpfer auf seinem Gebiet sind deswegen schon ermordet, vertrieben, gejagt worden. Dr. X leitet eine Klinik für Flüchtlingsfrauen. Und für örtliche Verhältnisse ist das ein unerhört revolutionärer Akt.

«Eigentlich», sagt Dr. X, der in Boston Medizin studiert hat und eine gutdotierte Stellung aufgab, um seinem Volk in dieser Krisensituation beizustehen, «wollte ich diese Klinik über die Allianz der Widerstandsgruppen gründen. Aber die wollten davon nichts wissen. Eine Frauenklinik fanden sie unnötig».

Neben dem Widerstandskrieg wird hier noch ein anderer Krieg geführt. Die Frauen kämpfen ihn, still und leise und mit vielen Todesopfern – einen Krieg gegen den Zwang, ständig und von frühesten Jahren an unter allen Umständen gebären zu müssen und keinen anderen Wert als diesen zu besitzen. Diesen Krieg haben sie verloren, schon lange. Die «Geschichte der Dienerin», hier ist sie nicht Kinoalptraum, sondern alltägliches Schicksal von über einer Million Frauen.

Die Müttersterblichkeit in den afghanischen Lagern liegt bei 10 Prozent, eine der höchsten Raten der Welt. Mit dem Krieg, mit der Armut, mit dem Leben im Lager hat das nur wenig zu tun, dafür sehr viel mit Bräuchen, Ungerechtigkeit und Starrsinn. Die durchschnittliche Frau ist erst 14, wenn sie zum erstenmal schwanger wird. Die Sterblichkeit der Kinder wie der Mütter ist bei diesen frühen Geburten besonders hoch. Die meisten Geburten werden von Nachbarinnen und alten Tanten betreut, die wohlmeinend, aber mit ungewaschenen Händen assistieren; wer die Geburt überlebt, unterliegt nicht selten danach einer tödlichen Infektion.

Vor allem aber unterliegen sie den Wertvorstellungen der Männer. Diesen Wertvorstellungen zufolge sind Kinder – genaugenommen Söhne – unendlich kostbar. Aber die Frauen, die diese Söhne hervorbringen sollen, sind wertlos. Die Idee der medizinischen Versorgung von Frauen, oder wenigstens einer Ausbildung von Hebammen in den Grundlagen der Hygiene, stößt bei afghanischen Männern auf dezidierte Ablehnung. Viel zuviel Wichtigkeit messe man Frauen damit bei, eine Wichtigkeit, die ihnen nicht gebühre, die ihnen nur den Kopf verdrehe. Viel zu gefährlich sei es, das Gitter der Abgeschiedenheit und Ignoranz, hinter dem Frauen ihr Leben verbringen sollen, auch nur um einen Zentimeter zu öffnen. Viel besser, die Frauen und ihr Überleben der Vorsehung zu überlassen.

Der Arzt, Dr. X., ist lange genug weg gewesen, um die Vorsehung in Frage zu stellen. «Diese Sterblichkeitsraten sind sehr hoch, viel zu hoch», sagt er und sucht nach einem Vergleich, um uns die Statistik näherzubringen. «Es ist so», fährt er fort, «als ob hier jede Woche eine Boeing 747 voll mit Frauen abstürzen würde.» Ein Unterschied: Die Boeing 747 käme in die Schlagzeilen, während das Sterben dieser jungen Frauen niemanden interessiert.

Dr. X' Klinik ist karg, mehr mit Einfallsreichtum ausgestattet denn mit medizinischen Gütern. Boston ist nur mehr eine phantastische Erinnerung. Hier ist man schon dankbar, wenn unter den gespendeten Medikamenten einige sind, deren Verfallsdatum nicht schon vor Jahren abgelaufen ist. 200 bis 250 Entbindungen werden hier in der Woche betreut. Dann gibt es noch Beratung. Da werden zum Beispiel zwölfjährige Bräute von Ehemann und Schwiegervater angeschleppt, und die Ärztin soll erklären, warum dieses Mädchen noch keine Kinder geboren hat und ob sie etwa unfruchtbar ist. «Das sind zum Teil Mädchen, die noch gar nicht die Regel bekommen haben», seufzt Dr. X. resigniert.

Da gab es beispielsweise eine Zwölfjährige, die an einen Siebzigjährigen verheiratet werden sollte und sterbenskrank war vor Angst und Abscheu. Die Angehörigen vermuteten eine Krankheit, als das Kind von Wein- und Schreikrämpfen geschüttelt wurde, und brachten sie zum Arzt. «Was sollten wir mit ihr machen?» fragt Dr. X hilflos.

Die englische Krankenschwester Rose hat Krisenerfahrung. Früher hat sie im Sudan gearbeitet. Dort war es auch schrecklich, aber wenigstens stand eine Naturkatastrophe dahinter. «Hier sterben so viele Frauen unnötig.» Die von ihr betreute Patientin zum Beispiel, die nur zehn Minuten von der Klinik entfernt wohnte und immer zur Kontrolle kam, weil es sich um eine Risikoschwangerschaft handelte. Eines Nachts bekam diese Frau schwere Blutungen, aber es war kein Mann im Haus. «Die junge Frau verblutete, während die übrigen Frauen des Haushalts um sie herum saßen und weinten.» Auf die Straße hinausgehen, zur Klinik laufen, Hilfe holen, das war den Frauen nicht nur streng verboten, sie hätten auch gar nicht gewußt, wie man so etwas macht.

Schwierig gestaltet sich unter diesen Umständen auch der Klinikalltag. «Wir haben ohnehin nur weibliches Personal, nur Ärztinnen», erklärt Dr. X, der als Mann die Verwaltung und die Leitung nach außen übernimmt. «Dennoch dürfen sich die Frauen nicht so ohne weiteres untersuchen lassen. ‹Ich muß meinen Mann fragen›, sagen sie. Also holen wir uns den Mann ins Büro, wir reden mit ihm, und wir ersuchen ihn um seine Zustimmung. Der hört sich alles an, und dann sagt er: ‹Ich muß ihren Vater fragen.›»

«Mein Bauch gehört mir», dieser europäische Frauensatz fällt einem hier nur mit wehmütiger Ironie ein. Hier gehört eine Frau, von Kopf bis Fuß, dem zuständigen Mann, und der geht mit seinem Besitz nicht besonders schonend um.

Naheed T. versucht, den beschädigten Besitz wieder halbwegs zu reparieren. Sie kommt aus Kabul, und ihre Familie war modern eingestellt. Sie hat in Deutschland Medizin und Psychologie studiert. Danach kam sie nach Pakistan, um mit Flüchtlingsfrauen zu arbeiten. Gemeinsam mit zwei Krankenschwestern fährt sie jeden Tag in die Lager, wo sie die Frauen in ihren Zelten aufsucht. Die Frauen sind froh, wenn sie kommt. Naheed verdeckt ihr dichtes schwarzes Haar stets unter einem Kopftuch und trägt den züchtigen *Shalwar Kamees*, um niemanden zu provozieren. Trotzdem kommt es vor, daß mit Steinen nach ihr geworfen wird. Denn eine Frau, die sich selbständig bewegt, die gebildet ist, stellt die ganze Ordnung der Welt in Frage. Es gibt ein altes Sprichwort, demzufolge eine Frau nur zweimal ihr Haus zu verlassen hat: einmal, wenn sie heiratet und in den Haushalt ihres Mannes gebracht wird, und ein zweites Mal, wenn sie als Tote zum Friedhof getragen wird. Es gibt noch ein anderes, aufschlußreicheres Sprichwort. Ihm zufolge soll man Frauen nicht aus dem Haus lassen, weil sie dann die Gelegenheit ergreifen werden, um zu flüchten.

Für die meisten Frauen, mit denen Naheed zu tun hat, sind das keine Sprichwörter, sondern Tatsachenbeschreibungen. Sie leben so, wie es in einer Haftanstalt für Schwerverbrecher verboten wäre: ohne jeglichen Kontakt zur Außenwelt, ohne Hofgang. Die kleinen Mädchen bekommen, im Gegensatz zu ihren Brüdern, keine Schuhe – wozu denn, sie sollen ja gar nicht hinausgehen, nicht laufen, nicht spielen. Es gibt nicht wenige Frauen, die auf männlichen Befehl erst nach Einbruch der Dunkelheit die Sanitäranlagen des Lagers besuchen dürfen, weil fremde Männer nicht einmal den verschleierten Umriß ihres Körpers sehen sollen. Um so lange durchzuhalten, müssen sie die glühende Sommerhitze Pakistans ohne Flüssigkeit ertragen.

Zehn Jahre auf wenigen Quadratmetern: Bei einigen Frauen führt das zu einer rätselhaften Lähmungserkrankung. «Hysterische Paralyse» heißt die Krankheit in der Fachsprache, und manchmal kommen Wissenschaftler aus dem Westen angereist, um sich zu informieren über ein psychosomatisches Leiden, das in Europa fast unbekannt, hier aber verbreitet ist.

«Diese Frauen leben jetzt zehn Jahre unter strengster Kontrolle. Sie haben keine Anregung, keine Motivation, und sie sind einer äußerst harten Behandlung durch ihre Männer ausgesetzt. Den Männern geht es auch schlecht, aber sie können sich wenigstens bewegen. Sie treffen sich im Teehaus, sie gehen in die Moschee, sie fahren in die Stadt, sie gehen durchs Lager. Aber die Frauen können nichts, überhaupt gar nichts tun.»

Wir sind mit Naheed allein, im kleinen Büro des Gesundheitsdienstes. Trotzdem senkt sie die Stimme, als sie uns ihren nächsten ketzerischen Gedanken anvertraut. Beim Wort «Freiheitskampf», sagt sie, würde sie ein mulmiges Gefühl bekommen, denn was für eine Freiheit sei das, wenn die halbe Bevölkerung eingesperrt ist?

Um sich für den Gedanken zu rechtfertigen, erzählt sie von ihrer letzten Patientin. Es war ein sechzehnjähriges Mädchen, das von den Verwandten in die Beratung gebracht wurde. Die Eltern des Mädchens waren in einem Bombenangriff getötet worden. Sie kam zu Verwandten, und die verkauften sie an einen alten Mann. Nach der Verheiratung wurde das Mädchen hysterisch, also brachte ihr Mann sie zu einem Mullah. Der diagnostizierte das

Wirken eines *Djinn*, Besessenheit, und schlug das Mädchen mit einem Stock, um den Teufel auszutreiben. Aber es half nicht. Stattdessen verfiel die junge Frau in eine tiefe Depression, und in diesem Zustand wurde sie in die Beratung gebracht. «Was konnten wir mit ihr machen?» fragt Naheed. «Wir konnten ihr nur zureden, sich irgendwie mit ihrer Situation abzufinden. Wir mußten ihr zureden, mit dem alten Mann zu schlafen, weil er sie sonst nur weiterhin mit Gewalt dazu zwingen würde. Und wir gaben ihr Beruhigungsmittel, damit sie es besser aushält. Sie ist erst 16, aber sie hat keine Möglichkeiten mehr. Sie kann ihn nicht verlassen, und selbst wenn, würde sie nirgends Aufnahme finden, könnte sie nirgends leben.» Beruhigungsmittel – die Entwicklungshilfe für Frauen kommt von der Pharmaindustrie.

Naheed hat viel Geduld. Sie erträgt es, monatelange Verhandlungen mit den Mullahs zu führen über jedes winzige Detail ihrer Arbeit. Ihrem angenehmen Leben in Konstanz trauert sie nur manchmal nach, und in den Steinen, die manche nach ihr werfen, sieht sie verzeihend Angst und Aberglauben. Aber zwei Dinge sind es, die Naheed nur schwer erträgt. Das ist einmal die gnadenlose Konsequenz, mit der die Männer ihres Volkes die eigenen Ehefrauen zum Leiden und manchmal auch ganz kühl zum Tod verurteilen. Dabei denkt sie an eine junge Frau, die mit 22 schon sieben Fehlgeburten erlitten hatte, ohne ein lebendes Kind auf die Welt zu bringen. Das würde ihr auch niemals gelingen, warnten die Ärzte ihren Mann, wenn ihr Körper nicht mindestens ein Jahr Zeit bekäme, um sich zu erholen. Der Mann wollte davon nichts wissen; Söhne wollte er, koste es, was es wolle, und bis er die bekam, gab es auch keine «Pause». Und wenn diese Frau daran starb, dann war das eben ihr Schicksal, und die nächste Frau würde ihre Pflicht vielleicht besser erfüllen.

Naheed denkt auch an die Frauen, die zur Geburt in die Klinik gebracht und nicht abgeholt werden, wenn sie eine Tochter bekommen. Dann sollen sie dort liegenbleiben und über ihre Nutzlosigkeit nachdenken. «Die Frauen müssen nicht nur die vielen Entbehrungen und Härten einer Fluchtsituation ertragen», meint Naheed bedrückt. «Es ist ihnen auch nicht gestattet, wie Menschen behandelt zu werden. Man tötet ihren Charakter.»

Noch etwas anderes bedrückt Naheed. Das sind die westlichen Helfer, die das Leiden der Frauen mit großer Langmut betrachten, gerade so, als seien sie selber auch starrsinnige Pashtunen aus den Bergen. «Ich bin ja oft bei Sitzungen dabei, und der Zynismus der Europäer erschüttert mich», sagt Naheed. «Sie tun so, als ob eine afghanische Frau keine menschlichen Regungen hätte, als ob es ihr gar nichts ausmache, unglücklich zu leben und früh zu sterben, weil sie ja schließlich aus einer anderen Kultur kommt. Selbst die freundlicheren unter ihnen sagen, man könne nichts für die Frauen tun, denn dafür sei es noch zu früh. Wenn ich an die Frauen denke, die ich jeden Tag in den Lagern sehe, dann kann ich das einfach nicht verstehen. Wie kann es zu früh sein? Eher ist es schon viel zu spät.»

Mein lieber Vater

Eine Dokumentensammlung

Es gibt kein Brot für uns am Tisch der Männer
Was sollen wir tun?
Männer unterscheiden sich in
Männer und in Herren. Aber alle Männer sind Herren
der Frauen. In den Häusern
der Herren, der Männer. Dort geben wir ihnen
Bedeutung, sie definieren sich durch uns.
Außerhalb ihrer Häuser gibt es keinen Platz für uns.
Kein Haus gehört uns. Niemand ist unser Bruder oder
unsere Schwester. Niemand ist unser Genosse.
Wir werden verheiratet, und wir verkaufen uns.
Es gibt kein Brot am Tisch der Männer.

(Neue portugiesische Briefe)

Mein lieber Vater
Viele Grüße von Deiner Tochter, ich hoffe, es geht Dir gut, und hoffentlich nimmst Du auch Deine Medizin. Ich möchte Dich gesund wiederfinden, wenn ich Dich besuche, und das wird hoffentlich bald sein.

Vater, ich vermisse Dich sehr. Das Leben ist gar nicht leicht. Ich weine sehr viel, und auch jetzt, wenn ich Dir schreibe, muß ich wieder weinen. Hier ist alles so fremd und so schwierig. Sie mögen mich gar nicht und wollen einfach alles an mir verändern. Vielleicht wollen sie eine leblose Puppe, aber mich wollen sie ganz bestimmt nicht. Papa, Du kannst Dir nicht vorstellen, wie die Tage hier für mich sind. Ich bin hier eine Gefangene, und es ist einfach nicht auszuhalten hier, Papa. Ich kann nicht einmal telefonieren, weil Mami dann sofort kommt und mir direkt ins Gesicht schaut und jedes Wort mit anhört. Und mit wem rede ich schon, ohnehin nur mit meiner Kusine. Ich darf auch nirgends hingehen, wenn mein Mann nicht dabei ist, aber der ist ja den ganzen Tag in der Arbeit. Sie sind auch so gierig, sie haben nicht genug Geld, und sie haben das Geld genommen, das ich dem Onkel geben sollte. Sei bitte nicht böse, ich konnte es dem Onkel nicht geben, weil Loveli es gefunden und mir weggenommen hat.

Papa, sei nicht böse, versteh mich doch bitte, ich bin hier so eingeschränkt. Wie soll ich das ein ganzes Leben lang aushalten? Ich bin gar nicht glücklich, zwing mich bitte nicht, hier zu bleiben. Bitte Papa, ich wollte dir gar nicht schreiben, aber ich muß es einfach tun. Ich wollte eigentlich warten, bis wir uns wiedersehen, aber das ist zu lang, glaub mir bitte, ich muß unbedingt weg von hier. Laß mich doch zurückkommen, ich werde Euch nicht so teuer kommen. Ich schwöre bei Deinem Leben, daß ich hier nicht überleben werde, Du mußt mich heimkommen lassen. Antworte mir doch, Papa, sag etwas, hol mich bitte zurück, ich flehe Dich an, ich kann nicht hier bleiben, nimm mich zurück.

Deine einzige Tochter, Deine liebende Tochter, Arveen.
[Brief an Herrn Singh von seiner Tochter Arveen, die vom Ehemann kurz darauf erwürgt wurde.]

Stellungnahme von Herrn Singh, Vater von Arveen
Diese Heirat ist in der üblichen Weise entstanden. Die Frau des Bruders meines Vaters und die Schwester meiner Schwägerin haben diese Ehe vorgeschlagen. Dann kam der Junge mit seinem Vater aus Delhi zu Besuch, sie haben meine Tochter angesehen, und danach machten sie den Heiratsantrag.

Ich bin ein ungehobelter Kerl in vieler Hinsicht, ein direkter, und so muß ich Ihnen auch ganz unbeschönigt gestehen, daß meine Tochter von Anfang an gegen diese Ehe war. Sie wollte diesen Jungen nicht heiraten. Er gefiel ihr nicht. Aber ich habe nicht auf sie gehört. Ich fand ihre Meinung oberflächlich. Ich wollte von ihr wissen, was ihr denn genau an ihm nicht gefiel, und ihre Antworten erschienen mir kindisch. Zum Beispiel hat sie beanstandet, daß er dick war. Da habe ich ihr gesagt, deine Mutter war zu mager, als ich sie kennenlernte, und heute ist sie eher rundlich, was hat das also schon für eine Bedeutung? Vielleicht wird er eines Tages noch dünn. Und außerdem sind das nur Äußerlichkeiten. Dich, meine Tochter, würde ich nicht weniger lieben, wenn du dick wärst. Von solchen oberflächlichen Dingen solltest du dich nicht beeinflussen lassen. Und weil sie eine sehr gehorsame Tochter war, sagte sie: «Okay, Daddy, wenn er dir gefällt, bin ich einverstanden.»

Ich wollte keine Mißverständnisse mit dieser Mitgiftsache, also habe ich die Familie des Jungen geradewegs gefragt, «Was sind eure Forderungen?» Und sie sagten, sie wollten nichts, nur das Mädchen. Sie wollten, daß die Hochzeit in Delhi stattfindet, nicht bei uns in Bombay. Und sie sollte am Abend stattfinden, nicht wie sonst üblich am Nachmittag. Damit war ich einverstanden, aber noch einmal fragte ich ganz direkt: «Wollt ihr eine Mitgift?» Und sie sagten: «Nein.» Wie sollte ich wissen, daß sie eben andere Menschen waren als ich, nicht so direkt, und daß sie ihre Forderungen erst nach und nach erheben würden.

Die Hochzeit fand im *Ashoka Hotel* in Delhi statt. Ich mietete zwei Bankettsäle, es waren über tausend Leute eingeladen. Es war ein riesiges Fest.

Davor aber habe ich noch einen Fehler gemacht. Meine Frau war nach Delhi gegangen, um an einer Familienfeier der Familie des Verlobten meiner Tochter teilzunehmen. Meine Tochter fuhr nicht mit, natürlich nicht, das macht ein verlobtes Mädchen nicht. Als meine Frau zurückkam, sagte sie, wir sollten diese Verlobung lösen. Diese Familie, sagte sie, ist nicht gut. Sie sind kalt und herzlos. Sie sind gierig. Und wieder hörte ich nicht. Es ist nicht ganz einfach, eine Verlobung zu lösen, also sagte ich zu meiner Frau, es sei doch nicht so leicht, Menschen einzuschätzen, und jeder hätte eine andere Ausdrucksweise. Nur wegen ihres gefühlsmäßigen Eindrucks könne ich keine Hochzeit abbrechen.

Während der Verlobung, die ein Jahr dauerte, sprachen meine Tochter und ihr zukünftiger Mann oft am Telefon. Das nahm ich als Zeichen, daß die Beziehung gelingen würde. Ich habe erlaubt, daß sie am Telefon sprechen. Überhaupt habe ich meine Tochter nicht eingeschränkt. Sie ist ein lebenslustiges, freies Geschöpf gewesen, und ich habe sie nicht eingeschränkt. Sogar um Mitternacht durfte sie, wenn es im Sommer heiß war, noch hinunter in den Eisladen gehen, um Eis zu kaufen. Wir mißtrauten ihr nicht, wir kannten ihren Charakter, sie war ein anständiges Mädchen. Aber die Familie, in die sie hineinheiratete, war da anders. Als meine Frau zu Besuch war, erzählte die künftige Schwiegermutter ihr ganz stolz, daß die Frauen der Familie niemals auf die Straße gehen würden, nicht einmal, um Schuhe zu kaufen. Wenn sie Schuhe brauchten, ließen sie vom Geschäft ein Dutzend Paare ins Haus bringen und wählten aus. Das waren alles wohl Signale, daß diese Ehe nicht gutgehen würde. Aber ich hielt mich nur an die Tatsache, daß sie sich am Telefon gut zu verstehen schienen, und traf meine Entscheidung, die falsch war.

Was ich nicht wußte, war, daß die Schwiegermutter von Anfang an gegen diese Ehe eingestellt war. Sie hatte eine andere Kandidatin im Auge, während meine Tochter von ihrem Mann und vom Sohn bevorzugt wurde. Gleich zu Beginn hat sie meine Tochter gequält: «Ich hätte eine viel schönere Braut als dich gekriegt, und ein Auto hätte sie auch in die Ehe mitgebracht.» Meine Tochter erzählte uns nichts davon, erst nach vielen Monaten hat sie etwas gesagt. Sie hat ihre Schwiegermutter schließlich gefragt: «Mami, warum bist du dann nach Bombay gekommen, um mich abzuholen, wenn du mich nicht haben wolltest?» Und die Schwiegermutter erwiderte: «Du bist die Wahl meines Mannes und meines Sohnes, aber meine Wahl bist du nicht.»

Erst nach sechs Monaten hat meine Tochter mir einen Brief geschrieben, in dem sie von ihren Problemen erzählte. Ich gebe offen zu, daß ich der Mörder meiner Tochter bin. Ich autorisiere Sie, meine Strafe zu entscheiden... (weint). Nach ihrem Tod habe ich ihre Briefe genommen und sie einem Polizeibeamten gezeigt. Ich bestand darauf, daß er sie liest und mir dann sagt, ob er mich schuldig findet oder nicht. Zuerst wollte er sie nicht lesen. «Ich bin kein Richter», sagte er. Aber ich bestand darauf. Also hat er sie gelesen. Dann sagte er: «Ja, meiner Meinung nach sind Sie schuldig.»

Im Dezember rief sie mich an und sagte, ich sollte bitte nach Delhi kommen. Sie flehte mich an, sie zurückzunehmen. Also fuhr ich los, um sie abzuholen. Ich ging zu ihren Schwiegereltern und sagte: «Ich bin hier, um meine Tochter zu holen, ich lasse sie nicht bei euch.» Nach langen Diskussionen haben sie sich dann entschuldigt. Ich sollte sie wenigstens nicht mitnehmen, baten sie, denn das gäbe einen Skandal, sondern ich solle heimfahren, und etwas später würden sie sie dann nachschicken. So sähe es aus wie ein normaler Besuch und nicht wie ein Eklat. Hätte ich sie nur mitgenommen, wäre die Sache erledigt gewesen. Es hätte nach einem solchen Affront meinerseits kein Zurück mehr gegeben, und sie würde noch leben. Aber so blieb sie noch eine Weile dort, und inzwischen hatte die Sache sich wieder abgekühlt, und sie beschloß, es noch einmal mit ihrem Mann zu versuchen.

So sind wir in Indien. Wenn unsere Tochter einmal verheiratet ist, dann wollen wir, daß sie es auch bleibt. Und das ist falsch. Jetzt erst bin ich zu Verstand gekommen, nachdem ich meine Tochter verloren habe. Ich war 100 Prozent im Unrecht, all meine Entscheidungen waren falsch. Und so wie mich gibt es in Indien noch viele starrköpfige Väter, denn gäbe es sie nicht, müßten nicht so viele Mädchen sterben. Jeden Tag sterben sie.

Heute kenne ich mich aus. Ich habe mit meinen Söhnen Plakate gemalt und sie an den Hausmauern der Schwiegerfamilie befestigt. Ich gehe zu Gericht, zu jeder Sitzung, und wenn ich einmal nicht gehen will, dann mahnen mich meine Söhne und sagen: «Papa, du gehst nicht? Wenn die sehen, daß du nicht im Gericht bist, werden sie sich freuen und Hoffnung schöpfen, daß du jetzt aufgibst.» Heute können Sie mich nach Rani Jethmalani fragen, und ich werde sofort wissen, wen Sie meinen (feministische Anwältin, die sich auf Mitgiftmorde spezialisiert). Aber es gab eine Zeit, da wußte ich nichts von alledem.

Also, es ging weiter. Anfang des Jahres bemerkte meine Tochter, daß sie schwanger war. Dann, im dritten Monat, rief sie wieder an und sagte: «Hol mich bitte. Ich bin in Gefahr, hol mich doch.» Aber ich habe ihr geraten, geduldig zu sein. «Schau», hab ich zu ihr gesagt, «jetzt hast du schon vier Jahre hinter dich gebracht, und die Zeit heilt viele Wunden. Wenn das Kind erst geboren ist, wird es besser sein.»

Leider kam in dieser Zeit aber ein neues Problem hinzu. Die Familie machte ihre Geschäfte hauptsächlich mit dem Iran, und durch den Iran-Irak-Krieg hatten sie fast alles verloren. Dadurch wurden sie gieriger. Mein Schwiegersohn wollte von mir ein Auto und sprach ständig davon. Meine Tochter hat in ihren Briefen andauernd von diesem Auto geschrieben. Sie hat so getan, als ob *sie* es wollte, daher habe ich es auch nicht so ernst genommen. Jetzt weiß ich, daß sie mich nur mit allen Mitteln dazu bringen wollte, dieses Auto zu kaufen, weil sie bedroht wurde; daß sie sich dachte, wenn ich dem Schwiegersohn schon nein gesagte habe, tu ich es vielleicht für sie.

In dieser Zeit waren sie zu meiner Tochter sehr häßlich. Sie haben sie an ihrem empfindlichsten Punkt getroffen, und das war das Kind. Sie haben dem Kind monatelang keinen Namen gegeben und seinen Geburtstag nicht gefeiert, was bei uns Sikhs fast unerhört ist.

Im Leben einer Frau gibt es drei glückliche Punkte. Der erste ist, wenn sie jung ist und darauf wartet zu heiraten. Der zweite kommt, wenn sie ein Kind erwartet. Und der dritte ist, wenn sie erlebt, wie dieses Kind gedeiht. In all diesen Punkten konnte meine Tochter nicht glücklich sein, sondern sie wurde gequält. Sie war erst 26, als sie mich verlassen hat (weint).

Ich kann es noch immer nicht glauben. Ein Jahr ist es jetzt schon her, und ich habe selber ihren Scheiterhaufen in Brand gesetzt (beim Begräbnis), und trotzdem glaube ich immer noch, daß sie sofort wieder ins Zimmer treten wird.

Viele Leute raten mir, daß ich die Angelegenheit vergessen soll. Ihre Tochter ist tot, es ist vorbei, sagen sie mir. Dann antworte ich, Herr Soundso, Frau Soundso, Ihr Rat ist bestimmt gut, aber wer wird die Öffentlichkeit bewegen, wenn nicht ich, wer wird verhindern, daß weiterhin Mädchen geschlachtet werden?

Wir haben unsere Tochter jeden Sonntag angerufen. Am letzten Sonntag vor ihrem Tod läutete das Telefon, nur zwanzig Minuten nachdem wir aufgelegt hatten, und es war unsere Tochter. Sofort machte ich mir Sorgen, denn das war ungewöhnlich; wir hatten ja gerade erst gesprochen. Meine Tochter sagte: «Bitte Mama, sag Daddy, daß er nicht mehr zögern soll, er soll bitte dieses Auto bezahlen und was sie sonst noch verlangen.» Aber ihre Stimme war ruhig, sie strahlte keine Panik aus, sonst hätte ich sofort reagiert. Ich habe statt dessen gesagt: «Jaja, das Auto kriegt er schon noch, beim nächsten größeren Anlaß, anläßlich der Verlobung deines Bruders bekommt er das Auto.» Ich habe einfach nicht verstanden, wie ernst die Lage schon war.

Zwei Tage später wurde sie umgebracht. Ihr Mann wurde verhaftet, die Schwiegereltern sind dann geflüchtet, wurden aber gefunden. Die ersten Nachforschungen waren relativ ausführlich. Aber diese Fälle dauern so lange, daß eine Verurteilung sehr schwierig wird. Es dauert viele Jahre. In dieser Zeit vergessen die Zeugen ihre Aussagen, Beamte werden ausgetauscht, gehen in Pension oder werden bestochen.

Aber ich laß nicht locker. Nur einmal mußte ich meine Niederlage akzeptieren: als meine Tochter tot war. Das mußte ich akzeptieren, aber ich akzeptiere nicht, daß das ungestraft vergessen wird. Leider lerne ich auch mein Land durch diese Tragödie besser, anders kennen. Ich habe an alle Minister geschrieben; die meisten antworten gar nicht. Aber ich habe einen guten Anwalt. Ich werde überall hingehen, alles tun.

Heute sagen die Leute zu mir, ich solle in Gott vertrauen und um Trost beten. Zu welchem Gott soll ich da beten? Wer ist Gott? Schon mitten im Tempel habe ich die Leute das gefragt. Ich habe für meine Tochter gebetet, und ich habe für ihre Schwiegereltern gebetet, ich habe gebetet, daß sie mit ihnen in Frieden und Wohlstand leben kann. Vier Jahre lang habe ich für diese Leute gebetet, und wie hat Gott meine Gebete erhört? Er ließ meine Tochter ermorden, von genau den Leuten, für deren Wohl ich gebetet hatte.

Anmerkung: Vor kurzem hat Herr Singh die Verlobte seines Sohnes verstoßen, weil ein anonymer Anrufer ihm mitteilte, daß sie ein Verhältnis gehabt habe. Nach dieser Schande ist das Mädchen nicht mehr verheiratbar. Er sieht keinen Zusammenhang zwischen dem Unglück, das er diesem Mädchen zufügt, und der Tragödie seiner Tochter.

Die mordenden Schwiegereltern haben vor einigen Jahren auch die eigene Tochter in einem Mitgiftfall verloren. Sie ist verbrannt worden, in einer unglücklichen Ehe, wobei nie geklärt wurde, ob es sich um Mord oder um Selbstmord handelte. Konnten sie nicht ertragen, daß es einem anderen jungverheirateten Mädchen gutgehen soll, während ihre eigene Tochter sterben mußte?

Vater von Shalina

Diese Art von Ereignis ist in Indien häufig. Mehr als zweitausend Fälle gibt es pro Jahr. Ein Mädchen ist wie ein Sklave.

Die Ehe meiner Tochter wurde arrangiert. Sie wurde vorgeschlagen vom selben Mann, der auch meine Ehe mit meiner Frau seinerzeit eingeleitet hatte. Daher hatten wir Vertrauen.

Wir besuchten die Familie des Jungen und sahen uns dort um, es sah ganz passabel aus. Sie hatten zwei Diener und einen Fahrer, und wir dachten, es würde unserer Tochter dort gutgehen, die Familie sei auch wohlhabend genug, um kein Drama mit der Mitgift zu machen. Aber das Gegenteil war der Fall. Meine Tochter wurde schlechter behandelt als die Diener. Sie gaben ihr nichts zu essen, sie wurde in vielfacher Weise gequält. Sie wurde geschlagen, zweimal hatte sie deswegen eine Fehlgeburt. Als ich davon erfuhr, sagte ich zu ihr, komm doch zurück. Ich will dich nicht bei diesen Leuten lassen. Sie kam auch zurück, zwei-, dreimal, aber jedesmal kam ihr Mann, entschuldigte sich, versprach, daß es besser werden würde, und jedesmal beschloß meine Tochter, es noch einmal zu versuchen, alles zu tun, um ihre Ehe zu retten.

Die Situation wurde dann aber immer ärger. Ich machte mir große Sorgen. Die Schwiegereltern erlaubten uns nicht mehr, unsere Tochter zu besuchen. Das ist an sich nichts Ungewöhnliches. Es passiert in Indien öfter, daß man seine Tochter nach der Ehe nicht mehr sehen darf. Sie wird dadurch genötigt, sich in die neue Familie einzufügen, weil sie niemanden hat, bei dem sie sich beschweren könnte.

Ich ging dann zum Schwiegervater ins Büro, um wenigstens mit ihm sprechen zu können. Ich war zwei Stunden dort und versuchte, ihm klarzumachen, daß es nicht richtig ist, ein Mädchen so zu quälen. Aber die Familie hatte geschäftliche Schwierigkeiten, sie wollten mehr Geld, als ich ihnen geben konnte, ihre Erwartungen waren unrealistisch.

Schließlich wurde meine Tochter verbrannt. Nachbarn haben mich angerufen, sie haben mich angerufen und gesagt, ich soll kommen, es sei etwas Schreckliches passiert. Drei Stunden lang fuhr ich von einem Krankenhaus zum nächsten, weil ich nicht wußte, wo sie war. Der Nachbar hat versucht, ihr zu helfen. Er hörte sie schreien, er lief hinauf und polterte an die Tür. Lange wurde er nicht eingelassen, die Familie sagte ihm, alles sei in Ordnung und er solle weggehen. Aber er klopfte weiter, und schließlich mußten sie öffnen. Dann sah er meine Tochter, sie war ganz schwarz von dem Feuer, und sie sagte, Onkel, hilf mir, ich sterbe, ich sterbe.

Ich hätte nie geträumt, daß so etwas in einer Familie passieren kann. Ich wußte zwar, daß die Situation schlimm war. Die letzten sechs Monate mußte ich meinen Fahrer schicken, mit den Mahlzeiten für meine Tochter, weil die Familie sie nicht ernähren wollte. Wir können deine Tochter nicht durchfüttern, haben sie gesagt. Sie bringt kein Geld ein, nicht einmal Kinder hat sie für uns geboren, sie ist für uns nur eine unnötige Ausgabe. Also habe ich ihr Essen geschickt. Dennoch dachte ich nicht, daß es sich so zuspitzt. Jetzt weiß ich mehr über diese Fälle. Es müßte einige Verurteilungen geben, dann hätten andere Schwiegereltern Angst, und die Eltern der Töchter wären eher bereit, ihre Mädchen wieder zurückzunehmen. Aber im Moment meint jeder noch, daß es dem Ansehen seiner Familie und den Heiratschancen seiner anderen Töchter zu sehr schaden würde, wenn die Ehe einer Tochter scheitert. Wir nennen es das «bad name problem»: Alle fürchten sich davor, einen «schlechten Ruf», einen «bad name» zu bekommen. Mädchen, die ihre Ehemänner verlassen, haben bei uns einen schlechten Ruf.

Ehemann von Shalina

Sie wollen wirklich unsere Seite hören? Die Medien spielen in letzter Zeit verrückt, sie verdrehen die Dinge und machen einen riesigen Wirbel, und immer zeigen sie nur die Seite des Mädchens.

Ich bin der Überzeugung, daß in solchen Situationen immer das Mädchen die Schuld hat. Ein Mädchen muß sich anpassen und unterordnen, aber manche sind nicht dazu bereit, sondern machen nur Probleme. Diese Mädchen sind nichts wert. So war es bei uns. Ein Mädchen muß die Wünsche ihres Mannes achten. Ich habe versucht, sie diesbezüglich zu verändern. Ich habe ihr gesagt, was sie tun und wie sie sein soll, aber sie war nicht belehrbar. Ich habe gesagt, zieh dich nicht so an, sitze nicht so, du mußt ruhig sitzen und nicht sprechen. Aber sie war sehr schwierig und unangenehm und wollte sich nicht einfügen. Sie ist dumm, ein dummes Mädchen.

Zentrum für die Abschaffung der Mitgift, Neu-Delhi
Wir haben 1987 angefangen mit einem Nachbarschaftskomitee. Wir hatten drei Ziele: Aufklärung, Beratung für Opfer und Intervention im Bedrohungsfall. Wenn eine junge Frau sich gefährdet fühlt, sprechen wir zum Beispiel mit den Nachbarn. Denn je mehr Öffentlichkeit ihre Gefährdung hat, desto weniger wird die Familie sich trauen, sie zu töten und es dann als Selbstmord oder als Unfall auszugeben.

Das wirkliche Problem ist ja nicht das Geld, die Mitgift. Das wirkliche Problem ist die Stellung von Mädchen in dieser Gesellschaft. Für ein Mädchen gibt es in dieser Gesellschaft keine Gerechtigkeit. Eigentlich ist sie schon verurteilt, bevor sie überhaupt geboren ist. Keiner will ein Mädchen aufziehen. Die Folge ist, daß die Situation in den Familien nicht normal ist. Vor allem die Rolle der Schwiegermutter ist sehr problematisch, denn auch sie ist mit ihrem Leben und mit sich selbst nicht versöhnt. Auch sie hat ein fürchterliches Leben hinter sich, und ihren Zorn darüber projiziert sie auf ihre Schwiegertochter. Oft scheint es so, als ob die Schwiegermutter die Böse wäre, die alles verursacht hat, aber in Wirklichkeit schiebt die Familie bloß die Schwiegermutter vor. Die Mißhandlungen kommen immer von der gesamten Familie.

Wenn ein Mädchen zu uns kommt, hat sie fast immer vorher schon versucht, von ihren Eltern Hilfe zu erhalten. Und diese Eltern haben sich geweigert, die Tochter zurückzunehmen. Sie sagen ganz offen: Du bist eine Bürde, und wir können dich nicht aushalten.

Es ist sehr schwer, dieses Denken zu verändern. Die Studentinnen an der Uni wirken zum Teil recht selbstbewußt. Aber wir haben an der Universität eine Umfrage über die Mitgift gemacht, und die Ergebnisse waren für uns schockierend. Die Mädchen haben die Mitgift abgelehnt, natürlich. Aber die Burschen, sogar diese jungen, modernen, gebildeten Burschen, haben mehrheitlich gesagt, daß sie eine Mitgift nehmen wollen. Sie sehen, was sie bekommen können, und wollen nicht darauf verzichten.

Anmerkung: In Indien sind unzählige kleine Aktionskomitees aktiv, die mit geringen Mitteln gegen enorme Probleme kämpfen.

Dr. Pai, Arzt und Verfechter der gezielten Mädchen-Abtreibung, Bombay

Wir sind 850 Millionen und nicht einer weniger. Durch diese vielen Menschen geht unser Land vor die Hunde.

Ich habe in einer Broschüre geschrieben, wer in Indien heute mehr als zwei Kinder in die Welt setzt, begeht ein Verbrechen am Kind, ein Verbrechen an Indien und ein Verbrechen an der Menschheit. Es gibt nur eine Lösung: Nach dem ersten Kind muß man einen Abstand und nach dem zweiten Kind muß man sich sterilisieren lassen. 200 Millionen Kinder sind in Indien elternlos. Wer unbedingt mehr als zwei Kinder haben muß, kann welche adoptieren. Im Moment aber sieht es ganz anders aus. Jede Frau hat durchschnittlich acht Schwangerschaften, die in fünf Lebendgeburten münden. 98 Prozent aller Ehen in Indien sind arrangiert, und sie sind haltbar. Sie sind deswegen haltbar, weil die Frauen es nicht wagen, Unzufriedenheit zu zeigen. Sie haben keine Rechte und keine andere Möglichkeit, als in ihren Zwangsehen zu bleiben. Das größte Problem bei der Familienplanung sind demnach auch die Männer.

Neulich kam ein junges Paar zu mir in die Sprechstunde. Der Mann wollte, daß ich bei seiner Frau die Spirale entferne. Ich fragte, ob sie denn Beschwerden damit habe. Nein, alles war in Ordnung. Dann wollten sie vielleicht ein zweites Kind bekommen? Nein, noch nicht. Ja, warum dann? Und der Mann erklärte mir ganz gelassen, daß er für sechs Wochen verreisen müsse und der Frau für diesen Zeitraum die Empfängnisverhütung wegnehmen wolle. Dieses Beispiel zeigt: Den Männern geht es um Kontrolle. Sie wollen die Frau kontrollieren.

Ich bin ein großer Verfechter der Geschlechtsbestimmungstests. Ich nenne sie nicht gern so, ich spreche lieber von «genetischer Beratung». Schließlich geht es um die Qualität des Lebens. Die Anzahl der Frauen muß reduziert werden, denn die Anzahl von Männern ist, bevölkerungspolitisch gesehen, egal. Ausschlaggebend für die Anzahl der Geburten ist nicht die Anzahl der Männer, sondern die Anzahl der Frauen. Und die muß reduziert werden, und zwar schnell und drastisch. Wir müssen unbedingt erreichen, daß das geschieht.

Sie werden jetzt vielleicht sagen, das sei Diskriminierung. Aber da fühle ich mich mißverstanden, ich habe nichts gegen Frauen, im Gegenteil. Ich liebe Frauen, ich anerkenne sie. Sie sind besser als Männer, bessere Menschen. Sie sind bemühter, fleißiger. Sie sind intelligent. Gerade in dieser Woche hielt ich Abschlußprüfungen an der Uni ab: Jedes Mädchen in meiner Klasse schnitt besser ab als die Jungen.

Aber man muß Perspektiven haben. Amniozentese zwecks genetischer Information, die Steuerung der Bevölkerungsstruktur, das ist keine neue Sache. Eigentlich ist es eine hitlerianische Idee. Bei uns haben die hysterischen Feministinnen erreicht, daß der Geschlechtsbestimmungstest in Bombay verboten wurde. Aber überlegen Sie einmal. Warum verachten die Männer die Frauen? Weil es für jeden Mann eine Frau gibt. Erst wenn es nur noch wenige Frauen gibt, werden die Männer um sie kämpfen. Dann werden sie wertvoll sein und besser behandelt werden. Was ich tue, tue ich nur, weil ich die Frauen liebe. Wie geht es den Frauen in diesem Land? Sie werden getötet, sie bekommen kein Essen, sie werden furchtbar mißhandelt. Wenn sie aber erst mal rar geworden sind, wird ihr Status sich verbessern.

Der Bedarf nach diesem Test ist unbezweifelbar. Wir haben an unserer Klinik eine Statistik geführt. Von den Frauen, die den Test machen ließen, hatten 95 Prozent bereits eine Tochter. Was meinen Sie, was diesen Frauen geschieht, wenn sie dann noch eine zweite Tochter gebären? Was glauben Sie, was deren Familien ihnen antun? Ich wollte diesen Frauen helfen, deshalb subventionierte ich diese Tests aus meiner eigenen Tasche. Überall kostete der Test mehr als in unserer Klinik. Ich machte ihn für 70 Rupien. Für jeden Test zahlte ich aus meiner eigenen Tasche noch 40 Rupien dazu, weil die Laborgebühren so hoch sind. Ich habe das gemacht, weil ich daran glaube. Heute ist dieser Test in Bombay illegal. Ich halte diese Verbote für dumm.

Überlegen Sie doch, was für ein Leben hat ein Mädchen in dieser Gesellschaft? Von der Stunde Null an weiß sie, daß sie keinen Wert besitzt, daß keiner sie haben will. Wenn sie krank wird, gehen die eigenen Eltern mit ihr nicht zum Arzt. Die Mädchensterblichkeit ist unvergleichlich höher als die von Söhnen. Wenn Sie blind sein wollen, bitte sehr, aber wenn nicht, dann können Sie sich über diese Tatsachen nicht hinwegsetzen. Als Baby merkt das Mädchen das alles vielleicht noch nicht, aber sehr bald schon muß sie spüren, daß sie nichts gilt und niemand ist. Auch wenn sie sehr gescheit ist, wird sie nach ein oder zwei Jahren aus der Schule genommen. Ihr Bruder bekommt das gute Essen, sie bekommt die Reste. Es gibt nur eine Lösung: Man muß die Anzahl der Frauen reduzieren, dann wird ihre Lebensqualität, wird ihr Wert steigen.

Und die Nachfrage nach Geschlechtsbestimmungstests spricht doch eigentlich für sich. Glauben Sie, eine Frau wird bereit sein, ihre ungeborene Tochter gezielt zu töten, wenn sie sich nicht vollkommen in die Enge gedrängt fühlt? Was meinen Sie, was ihr Mann und dessen Eltern ihr antun, wenn sie Töchter bekommt? Und ich mache diesen Leuten keinen Vorwurf, denn sie leben in dieser Gesellschaft, die krank ist. Der Test ist jetzt verboten, aber deshalb ist er immer noch leicht erhältlich. Nur muß man im Untergrund mehr dafür bezahlen, 3000 bis 4000 Rupien. Das gesetzliche Verbot sollte die Frauen schützen, aber erreicht wird das Gegenteil. Für eine verzweifelte Frau, die schon Töchter hat, ist eine weitere Tochter nur der letzte Nagel in ihrem Sarg. Und das Mädchen, das dann geboren wird, was hat es von seinem Leben? Die ganze Familie wartet schon voll der Feindseligkeit auf sie, ihr eigener Vater empfindet nur Zorn und Haß über ihre Geburt. Was soll dieses Mädchen machen? Soll es vielleicht zur Regierung gehen und sagen, bitte sehr, hier bin ich, gerettet durch euer Gesetz, und nun helft mir?

Außerdem, wenn die Amniozentese verboten ist, dann warten die Leute eben auf den Ultraschall. Da kann man das Geschlecht vielleicht erst im fünften oder sechsten Monat erkennen, aber das wird die Familien nicht stören. Für die Frau ist eine Abtreibung zu diesem späten Zeitpunkt jedoch sehr viel schlimmer.

Wir arbeiten jetzt an mehreren Techniken, die die Geschlechtszugehörigkeit auch anders und früher erkennbar machen.

Interview mit einer der Gründerinnen der
All India Women's Conference, Neu-Delhi

Wir betreiben sechs Frauenhäuser. Das Ziel ist, daß die Frauen wieder zu ihren Familien zurückgehen. Etwas anderes ist in unserem Land nicht möglich. Trotzdem ist es wichtig, daß es diese Einrichtungen gibt. Zumindest weiß der Mann, daß die Frau nicht ohne jegliche andere Möglichkeit ist. Das gibt der Frau ein bißchen Stärke. Auch die Tochter sieht, daß ihre Mutter eine Organisation hat, die hinter ihr steht, und das ist besser, als wenn sie miterleben müßte, daß ihre Mutter ganz und gar hilflos ist gegen den Mann. Vielleicht können wir in dieser Weise die Normalität der Gewalt durchbrechen, zumindest für die nächste Generation. Vielleicht findet die nächste Generation es nicht mehr ganz so selbstverständlich, daß der Mann mit seiner Frau machen kann, was er will. Wir sagen den Frauen, daß sie auch Menschen sind.

Im Jahr 1927 haben wir mit unserer Arbeit begonnen. Wir nehmen auch alleinstehende Frauen auf, Witwen und Frauen, die von ihren Männern verlassen wurden. Bei der Gewalt liegt die Ursache oft im Selbstgefühl der Männer. Die Frau hat es schwer, sie kann es niemandem recht machen. Wenn sie in ihrer Arbeit vom Chef gelobt wird, ist ihr Mann mißtrauisch. Wenn sie in ihrer Arbeit vom Chef gerügt wird, ist ihr Mann zornig. Wenn sie heimkommt, ist sie müde, aber dann wartet noch der Haushalt, die Bedienung der Großfamilie auf sie, denn gerade bei berufstätigen Frauen wird sehr darauf geachtet, daß sie nicht «arrogant» werden, sondern den anderen Familienmitgliedern ihre Demut zeigen. Das strapaziert die Nerven der Frau, aber sie hat keine Möglichkeit, dies zu zeigen. Sie darf keinen Zorn zeigen, aber ihr Mann darf sie schlagen.

Außerhalb der Ehe kann eine Frau bei uns kaum existieren. Es gibt wohl vereinzelt Wohnheime für berufstätige Mädchen, aber die lassen keine Kinder zu. Eine geschiedene Frau kann dort also nicht aufgenommen werden. Und keiner wird eine Wohnung vermieten an eine alleinstehende Frau. «So, Ihr Mann hat sich von Ihnen getrennt? Ja, um Gottes willen, was für eine Frau können Sie dann wohl sein?»

Die jetzige Frauengeneration hat keine Chance, wir können eigentlich nur für die jungen Mädchen hoffen.

Ich komme aus einer Familie von Freiheitskämpfern. Alle Männer unserer Familie haben in Europa studiert, das erweiterte ihren Horizont. Meine Familie war schon immer sozial engagiert, bei Hungersnöten zum Beispiel wie bei der von 1942. Damals war es in Bengalen auch so, daß es nicht als akzeptabel galt, eine Frau zu schlagen. Das fand man nicht in Ordnung. Sogar unsere Brüder durften uns nicht schlagen, als wir Kinder waren. Unsere Männer konnten manchmal schon grob sein, aber geschlagen haben sie uns nicht. Heute ist es anders, die Gesellschaft ist zerfallen, und diese Regeln gelten nicht mehr.

Badria Al-Awadhi, Juristin und Pionierin der Rechtsprechung, Kuwait

Wie lange ich mich für Frauenfragen interessiere? Vielleicht seit meiner Geburt.

Das ist hier eine Männergesellschaft, und auch die Interpretation des Islam ist daher nicht objektiv. Ich habe in Kairo islamisches Recht studiert, und da konnte ich sehen, wie stark die Texte von den Interpretationen abweichen.

Ich glaube an das Gesetz. Das Gesetz gibt uns eine solide Basis. Ich kenne das islamische Recht, und nie habe ich darin etwas gefunden, was gegen mich gerichtet wäre oder mir schaden könnte. Ich wuchs in den frühen fünfziger Jahren auf. Damals war es schwer für ein Mädchen, Bildung zu erhalten. Viele Familien dachten sehr traditionell. Aber meine Familie war nicht konservativ. Meine Mutter kann zwar nicht lesen und schreiben, aber in ihrem Denken ist sie sehr aufgeschlossen. Mein Vater war Geschäftsmann, er reiste sehr viel und war nicht streng.

Ich studierte in Kairo. Ich lebte dort in einem Mädchenwohnheim. Wir standen unter der Obhut des kuwaitischen Kulturattachés. Meine Familie glaubte, wie viele andere moderne Familien in Kuwait, an die Mädchenbildung. Sie hatten bloß eine bestimmte Vorstellung davon, unter welchen Auspizien sie stattfinden durfte.

Ich war die erste kuwaitische Frau, die Jura studierte. Nachdem ich fertig war, durfte ich jedoch nicht arbeiten, nicht als Anwältin und schon gar nicht als Richterin. Also studierte ich weiter. Auf diese Weise erwarb ich immer höhere Qualifikationen. Ich glaube an das Gesetz. Und ich glaube an die Bildung. Denn wenn man diese beiden Dinge zusammenfügt, hat man den Grundstein gelegt für die Rechte von Frauen. Man kann seine Rechte erst einfordern, wenn man sie kennt. Zum Beispiel steht in unserer Verfassung, Männer und Frauen seien in allen Aspekten gleichberechtigt. In allen Aspekten. Aber im Wahlrecht steht, daß nur Männer wählen dürfen. Das kann man anfechten, aber nur wenn man weiß, was in der Verfassung steht.

Als ich dann meine Studien endgültig abgeschlossen hatte, war ich als Richterin qualifiziert, aber sie ließen mich nicht als Richterin arbeiten. Also studierte ich abermals weiter, in England. Danach war ich so qualifiziert, daß sie nicht mehr darüber hinwegsehen konnten, und sie machten mich zum Dekan der Juristischen Fakultät an der Uni. In meinen Kompetenzbereich fiel auch das *Shariah*-Gesetz, das religiöse Gesetz; das war bahnbrechend in der arabischen Welt.

Ich konnte Richter ausbilden, aber selber nicht Richter sein. Das ist verrückt, aber wenigstens konnte ich in dieser Weise Einfluß nehmen auf die Rechtsprechung. An manchen Urteilsverkündungen kann ich deutlich meinen Einfluß ablesen. Außerdem haben viele Studenten durch mich zweifellos ein anderes Frauenbild gewonnen. Wenn die einzige Frau, die sie kennen, ihre Mutter ist, die sehr traditionell lebt und nie das Haus verläßt, dann bleibt die Frau in ihren Augen ein abhängiges Wesen, das keine Entscheidungen treffen und keine Verantwortung tragen kann.

Daud, 29, Berufsberater, Afghanistan
Ich bin in Kabul aufgewachsen. Wenn ich heute daran zurückdenke, erscheint es mir wie ein anderes Leben. Unsere Familie war zwar relativ modern – *sehr* modern eigentlich, denn meine Schwestern mußten nie den Tschador oder ein Kopftuch tragen, und jede von ihnen durfte eine gute berufliche Ausbildung machen. Dennoch war das Zusammenleben in unserer Familie sehr traditionell.

Mein Vater war der absolute Herrscher. Ich habe ihn gehaßt dafür; er war nicht nur streng, sondern auch brutal, er hat unsere Mutter sehr viel geschlagen und uns Kinder auch. Es gab keine Widerrede, kein Argumentieren. Wenn er etwas sagte, dann galt das, ob es richtig war oder falsch. Er ließ sich bedienen; als Kinder mußten wir ihm die Beine massieren und die Hand küssen. Im Dorf hätten wir das alles noch fraglos akzeptiert, aber wir lebten in der Stadt und gingen in die Schule: Uns kam das alles nicht mehr so selbstverständlich vor.

Vor zwei Jahren ist er gestorben, und es hat mich selber erschreckt, wie wenig mir das ausgemacht hat. Wenn ich ehrlich bin, kann ich um ihn nicht trauern. Das klingt schrecklich, aber ich mußte mir eingestehen, daß es so ist.

Ich war 17, als ich nach Kanada kam. Mein Bruder war hier Arzt, und er hat mich geholt, damit ich nicht in den Krieg ziehen mußte. Es war meine erste Auslandsreise, mein erster Flug. In Frankfurt hatte ich Zwischenlandung. Mir war furchtbar heiß, also habe ich meine Schuhe und meine Socken ausgezogen. Ich hatte einen Sack voller Zitronenscheiben mit, das ist bei uns die traditionelle Erfrischung auf langen Reisen. Und so spazierte ich durch die Transithalle: barfuß, Zitronenscheiben lutschend. Die Leute müssen mich für wahnsinnig gehalten haben.

Am Anfang kam mir Kanada ziemlich komisch vor. Am meisten hat mich beeindruckt, daß so viele Leute sich Hunde als Haustiere halten. Bei uns ist der Hund ein schmutziges Tier, und hier wurden sie ganz possierlich an Schnüren spazierengeführt.

Anfangs hatte ich großes Heimweh. Jeden Abend habe ich mir lange die Fotos meiner Familie angesehen, meiner Mutter, meiner Geschwister. Ich habe ihnen viele Briefe geschrieben. Wenn ich in Toronto spazierenging, entdeckte ich ständig Ähnlichkeiten zu Kabul. Das war wohl so eine Art psychologischer Mechanismus, denn diese Ähnlichkeiten bestanden nur in meiner Phantasie. Ich habe mich aber sehr schnell eingelebt. Schon nach einem halben Jahr erschien es mir unvorstellbar, jemals wieder zurückzugehen. Ich hatte das Gefühl, daß ich erst jetzt allmählich ich selber wurde, daß ich mich irgendwie entfaltete. Ich war ein sehr stiller, sehr dünner, kränklicher Junge gewesen. Jetzt entdeckte ich, daß ich in Wirklichkeit ein sehr geselliger, extrovertierter Mensch bin. In Afghanistan war ich ständig krank, es gab eine lange Liste von Lebensmitteln, die ich nicht vertrug, ich war gelbsüchtig und mager. In Kanada nahm ich zu, ich war gesund, ich hatte Energien und Appetit.

Ich kam zuerst in eine Mittelschule, dort waren alle sehr nett zu mir, und mein Englisch wurde schnell besser. Danach ging ich auf die Uni und arbeitete halbtags als Verkäufer, um Geld zu verdienen. Es war so befreiend, einfach mit Leuten reden zu können, auch mit Frauen, stundenlang zu diskutieren und Gedanken auszutauschen.

Es gibt viele afghanische Familien in Kanada. Manche integrieren sich, fühlen sich wohl hier und beginnen ein neues Leben; andere versuchen, Klein-Afghanistan zu reproduzieren. Oftmals spalten sich Familien: Die eine Hälfte wird modern leben, die andere bleibt traditionell. Meine zwei Cousins zum Beispiel sind mit ihrer Mutter, der Schwester meines Vaters, hierhergekommen. Einer von ihnen hat einen kleinen Supermarkt aufgemacht, der andere ist Autotechniker und hat eine kleine Garage. Sie sind durchaus erfolgreich und sehen nach außen hin ganz modern aus, aber ihr Familienleben ist fast wie in einem afghanischen Dorf. Beide Söhne liefern ihr Geld vollständig beim Vater ab, der es verwaltet und der das Familienoberhaupt ist. Vor einem Jahr wurde beschlossen, daß die Brüder heiraten sollten. Also fuhr ihre

Mutter nach Pakistan, um Bräute für sie zu finden. Sie hat zwei sehr junge Mädchen ausgewählt, zwei fünfzehnjährige Mädchen. Sie hat sich groß aufgespielt in Pakistan, was glauben Sie! Wie eine Königin ist sie dort aufgetreten: die Mutter von zwei Söhnen, die in Kanada ihr Glück gemacht haben. Sie hätte jedes Mädchen haben können, sie ist von allen Müttern mit Töchtern hofiert worden, und schließlich hat sie diese zwei kleinen Mädchen ausgesucht. Dann gab es ein Hochzeitsfest, ein riesiges Fest, mit gutem Essen und Musik und Tanz. Nur eines fehlte: die angehenden Ehemänner. Die Trauung fand in ihrer Abwesenheit statt. Dann beantragte die Mutter für die beiden Mädchen ein kanadisches Einreisevisum, was einige Monate dauerte, und danach reisten die Bräute zu ihren unbekannten Ehemännern. Gern stelle ich mir die Szene in der kanadischen Botschaft vor, als die Mutter für ihre Schwiegertöchter das Visum beantragte.

«Das sind die neuen Bräute meiner Söhne.»

«Aha, und wo sind Ihre Söhne?»

«Sie sind in Toronto.»

«Ach so, sie mußten gleich nach der Hochzeit zurückfahren.»

«Nein, sie waren nie da.»

«Sie waren nie da?»

«Nein, die Hochzeit wurde mit Stellvertretern durchgeführt.»

«Ah, ja. Dann kannten sie ihre Bräute also noch von früher.»

«Nein, sie kennen sie nicht.»

Dann kamen diese Mädchen hierher. Eine ist gleich schwanger geworden. Keine von beiden kann auch nur ein einziges Wort Englisch. Sie gehen niemals auf die Straße, nur am Wochenende gehen sie mit der Schwiegermutter und dem Baby manchmal in den Park. Sie gehen nicht einmal einkaufen, weil der eine Bruder alles aus seinem Supermarkt nach Hause bringt. Vielleicht sind sie «glücklich», weil sie im Vergleich zum Flüchtlingslager hier in großem Luxus leben. Ich weiß es nicht.

Nachdem ihre Söhne versorgt waren, hat meine Tante dann angeboten, daß sie auch mich verheiraten könnte. Leider hat sie damit auch meiner Mutter einen Floh ins Ohr gesetzt, denn afghanische Mütter sind erst glücklich, wenn ihre Söhne verheiratet sind mit einem netten Mädchen. Meine Mutter lebt in Ottawa bei meiner Schwester, aber sie bekommt trotzdem mit, daß mein Privatleben nicht so verläuft, wie sie das gerne hätte. Ich bin 29 und noch immer nicht verheiratet; meine Freundin ist Kanadierin.

Meine Mutter und meine Tante sind mir lange in den Ohren gelegen, warum ich mir nicht auch ein Mädchen aus dem Flüchtlingslager kommen lasse, die wären so dankbar, so brav, so fleißig, mein Haushalt würde dann glänzen, und es gäbe immer was zu essen. So stellen sie sich das Männerglück vor. Anfangs habe ich das lustig gefunden, ich habe es eher als Scherz aufgefaßt. Das ist so weit von dem entfernt, was für mich möglich und denkbar wäre, daß ich darüber nur den Kopf schütteln konnte. Ich und eine bestellte Kindbraut aus dem Flüchtlingslager – absurd. Aber sie haben es ernst gemeint, und irgendwann bin ich zornig geworden. «Wofür hältst du mich?» habe ich meine Mutter gefragt. «Hältst du mich für ein Tier? Glaubst du, ich kann einfach mit irgendeiner x-beliebigen Frau schlafen, die ich nicht kenne, der ich nichts zu sagen habe und die ich nicht liebe?» Sie hat darauf nicht geantwortet; ich weiß nicht, ob sie mich verstanden hat. Ich glaube aber schon; schließlich ist sie eine sehr intelligente Frau, und ihre eigene Ehe war kreuzunglücklich. Sie findet es gut, daß Frauen berufstätig sind, daß sie Bildung haben, daß sie ihre Männer selber wählen können. Das alles hat sie ihren eigenen Töchtern ermöglicht. Sie hat sehr vernünftige Ansichten. Das einzige, was sie hier nicht akzeptieren kann, ist die sexuelle Offenheit. Wenn sich im Fernsehen Leute küssen, wenn es Liebesszenen gibt, ist sie jedesmal erneut ganz aufgebracht. Sie sieht dann weg, und ihr kleiner Enkel Hamid, der sieben Jahre alt ist, gibt ihr Bescheid, wenn die Unmoral vorüber ist. «So, Oma», sagte er dann. «Es ist vorbei. Du kannst wieder hinsehen.» Mich stören diese Dinge nicht. Die Menschen hier entscheiden selber, wie sie leben wollen, was sie richtig und falsch finden, das finde ich moralisch besser, als wenn eine Fünfzehnjährige per Post losgeschickt und unter Hausarrest gehalten wird, damit irgendein Typ eine Bettpartnerin und Putzfrau hat. Aber bitte, vielleicht sind diese beiden Mädchen glücklich. Ich hoffe es, ich hoffe es für sie.

Abdul, 72, pensionierter Richter
Eigentlich ist es doch nur Zufall, wo man auf die Welt kommt. Ein schicksalhafter Zufall; darüber muß ich sehr oft nachdenken. Es wird soviel über Kultur gesprochen, und in Wirklichkeit ist es nichts anderes als Zufall. Mit 42 hatte ich ein seltsames Erlebnis. Ich reiste nach Italien, zu einer Tagung. Ich stieg aus dem Flugzeug aus, setzte mich in ein Taxi, fuhr in die Stadt hinein, nach Mailand, und wurde überwältigt von dem Gefühl, daß dies meine eigentliche Heimat sei. Ich fühlte mich zu Hause, sofort zu Hause. Alles gefiel mir: das Essen, die Leute, vor allem die Stimmung. Und ich paßte irgendwie hierher: Auf der Straße plauderten Leute mit mir, ich fand mich leicht zurecht. Ich hätte in Italien auf die Welt kommen sollen, aber statt dessen kam ich in Afghanistan zur Welt.

Wissen Sie, ich liebe mein Land. Es ist ein schönes Land, landschaftlich sehr schön. Aber die Menschen sind sehr arm, und sie machen es sich selbst noch schwerer, als es sein müßte. Ich beobachte die Leute hier, wie sie zu ihren Kindern sind, so partnerschaftlich, sie behandeln sie wie Ebenbürtige. Wenn die Mahlzeiten serviert werden, bekommen die Kinder zuerst zu essen, weil sie ungeduldiger sind und schwerer warten können. Ach, das wäre in Afghanistan undenkbar. Da bekommen die Männer zuerst, angefangen mit dem Vater. Es gibt so viele Regeln, die Menschen können nicht unbefangen miteinander umgehen.

Ich hatte Glück, meine Frau und ich haben uns gut verstanden. Ich habe sie geliebt, und unsere Ehe war sehr glücklich. Sie war eine gute Mutter für meine Kinder, und mir war sie nicht nur eine Frau, sondern auch eine Freundin. Jetzt ist sie gestorben, und ich vermisse sie sehr.

Im dritten Jahr unserer Ehe bekam ich ein Stipendium für die USA. Ich fuhr für vier Jahre nach Amerika und habe dort an der Verwaltungsakademie studiert. In dieser Zeit bin ich nicht einmal heimgekommen, das wäre viel zu teuer gewesen. Als ich endlich heimkam, hatte ich schon große Sehnsucht nach meiner Frau. Aber das durfte ich nicht zeigen. Auf keinen Fall! Die ganze Familie hat mich abgeholt, dann fuhren wir ins Haus meiner Eltern, und dort gab es eine Willkommensfeier. Ich durfte meine Eltern begrüßen und meine Schwestern umarmen und küssen, aber meiner Frau durfte ich keine Beachtung schenken. Ich durfte ihr nur kurz zunicken, *Salaam*. Ich durfte nie in Anwesenheit anderer Menschen etwas Nettes zu ihr sagen oder ihr meine Zuneigung zeigen. Dieser Tag ist mir so lang vorgekommen, das werde ich nie vergessen. Ich wollte mit ihr allein sein und endlich mit ihr sprechen können, aber die Feier dauerte bis in die Nacht hinein, und ich mußte warten, warten.

Pioniere der Moral

Das Abenteuer «Freiheit»

Die Freiheit ist ein großes Wagnis. In dem Versuch, den kollektiven Zwang einer zum rigiden Regelwerk erstarrten Tradition durch individuelle Freiheit zu ersetzen, beschritt die westliche Kultur einen riskanten Weg. Die Auflösung fester Bindungen und das Infragestellen überlieferter Gewißheiten setzten den einzelnen unter großen Druck: Angst, Verhaltensunsicherheit, Einsamkeit und Orientierungslosigkeit waren und sind die unvermeidlichen Folgen. Doch kein Fortschritt ohne Risiko. Den stets virulenten Gefahren steht auf der «Haben-Seite» eine moralische Entwicklung gegenüber, welche die (Selbst-) Verantwortung weitgehend erfolgreich zum Prinzip gemacht hat. Die Instanz heißt «Gewissen».

Unsere westliche Kultur hat große Probleme; müßig, das besonders hervorzuheben, sinnlos, es leugnen zu wollen. Unsere sozialen Strukturen lösen sich auf: Die Großfamilie gibt es längst nicht mehr, Kleinfamilien können sich kaum noch länger als ein paar Jahre halten, das Paar hat seine Verbindlichkeit verloren und trennt sich oder bleibt unter neuen, eigenen Regeln zusammen, wobei zwischen den beiden Beteiligten oft nicht einmal Einigkeit über diese Regeln herrscht. Der Sinn für Gemeinschaft, für stabilen Zusammenhalt, geht uns immer mehr verloren. Die einzelnen stehen unter großem Druck: Einsamkeit, Orientierungslosigkeit, Unklarheit darüber, was überhaupt noch Recht oder Unrecht ausmacht, machen aus der Lebensgestaltung ein tägliches Plebiszit. Darf ich das? Will ich das? Muß ich das?

Das mag nach Zerfall ausschauen und ist dennoch etwas ganz anderes – etwas, das den Charakter unserer Zivilisation ausmacht. Derselbe Impuls, der Angehörige dieser Zivilisation einst lossegeln ließ, obwohl sie glaubten, daß die Erde jenseits des Horizonts einfach aufhörte und man von ihr abstürzen konnte wie von einem Teller – dieser Impuls gibt auch unserem Leben und Zusammenleben in dieser Kultur seine spezielle Note. Er schickt uns, einzeln, in die unerforschte Wüste der Moral, in ängstigende Leerräume der persönlichen Entscheidung. Der Preis ist hoch, die Folgen sind manchmal verheerend. Angst, Fehler, Scheitern gehören dazu, aber auch Schlimmeres: die irrtümliche Vernichtung unwiederbringbarer Werte, großes Unrecht, das später gebüßt werden muß, das Eingehen unabschätzbarer Risiken und die Gefährdung der eigenen physischen oder moralischen Existenz. Was als Schatzsuche beginnt, kann dann als Sklavenhandel enden; was als persönliche Selbstfindung konzipiert ist, kann zur Vereinsamung führen. Die Risiken sind individuell, kollektiv und historisch sehr hoch, die Fehlerquote ist beachtlich. Dem Risiko der Freiheit stehen aber die Risiken des Zwangs gegenüber, und sie sind nicht geringer. Unsere Kultur geht das Wagnis ein, die Freiheit anzustreben und den Zwang zu verringern. Das führt manchmal in die Katastrophe, aber es führt auch voran.

Freiheit und Chaos – Das große Experiment des Westens

Auch der Westen begann als «traditionelle Gesellschaft». Was noch heute die markanten Eigenschaften anderer Kulturen sind, ist uns aus unserer Geschichte weitgehend vertraut: präzise Vorgaben für Verhalten und Lebensorganisation, die vom Moment der Geburt an jeden sozialen Augenblick reglementieren und mit Ritualen, Regeln und Vorschriften genau strukturieren. Drakonische Strafen für sexuelle Vergehen, rangierend von Ächtung bis zu Hinrichtung. Die Unterordnung von Frauen und Kindern unter eine mit Gewalt aufrechterhaltene Herrschaft von Männern. Die rigide und weitgehend undurchlässige Aufteilung der Gesellschaft in Schichten, Klassen und Kasten, wodurch die Zufälligkeit der Geburt zum lebenslangen Stigma wird. Die Unterwerfung des einzelnen unter den Willen und das Wohlergehen der Gruppe.

Ebenso vertraut sind uns aber auch die guten Seiten, die ein solches System vorzuweisen hat: die Sicherheit, fast in jeder Lebenslage ganz genau zu wissen, was man zu tun hat, was von einem erwartet wird. Das Gefühl der Zugehörigkeit, der festen Bindungen, der lebenslang garantierten Mitgliedschaft. Solchen Konstanten trauern wir nach, verklären sie mitunter in der Phantasie, vermissen sie aber auch zu Recht. Es ist entlastend, wenn es eine deutliche Vorgabe für richtiges Verhalten gibt, wenn die Entscheidungsfreiheit limitiert ist. Gehorsam und Wohlverhalten integrieren den einzelnen in die Gruppe, die ihn versorgt, umschließt und als Mitglied achtet. Die Gruppe wird dafür sorgen, daß man einen Partner findet, zu essen hat, eine Unterkunft bekommt. Komplizierte Vernetzungen von Unterwerfung und Verantwortung gewährleisten Hilfe im Notfall. Der jüngere Bruder muß dem älteren gehorchen, darf aber dafür damit rechnen, vom älteren ein Leben lang Geld und Hilfe zu erhalten. Die Frau muß gefügig sein, aber sie kann sich durch Erfüllung ihrer vorgeschriebenen Aufgaben in ihrer Familie hocharbeiten und sich auf ein gesichertes Alter als geachtete Mutter und Schwiegermutter freuen. Wo die Leine kürzer und das Regelwerk dichter ist, sind auch die Bindungen fester und die Abstände zwischen den Menschen geringer, die Freundschaften verbindlicher, die Eltern-Kind-Beziehungen enger, die Familienbande stärker.

Schon die Gefühle, die solche Beschreibungen in uns auslösen, lassen ein unvermeidbares menschliches Spannungsverhältnis erkennen. Eng, fest, kurz: Diese Begriffe verursachen Atemnot und Platzangst, aber auch Geborgenheit und Sicherheit. Frei, offen, für sich allein: Diese Worte beschwingen, aber sie machen auch angst. Klaustrophobie und Agoraphobie, zwischen diesen beiden Extremen sucht das menschliche Verhalten nach Struktur und nach Freiheit und kann niemals den Punkt finden, an dem ein Gleichgewicht sich ewig ausmachen ließe. Die traditionelle und die moderne Gesellschaft suchen an jeweils verschiedenen Stellen der Umzäunung. Die traditionelle Gesellschaft verhaspelt sich dabei manchmal im Stacheldraht, verschließt sich ängstlich hinter vielen Riegeln und findet dann den Schüssel nicht. Die moderne Gesellschaft schert manchmal gänzlich aus, verliert sich in der Weite und sieht schon die Geier über sich kreisen.

Entwicklungshelfer berichten immer wieder über das eine, archetypische Mißverständnis ihres Aufenthalts. Schön war es, interessant war es, gern lebten sie in der einheimischen Familie und fanden dort gute Freunde. Doch manchmal wurde es ihnen zuviel, und sie mußten einen Platz finden, an den sie sich zurückziehen konnten, nur für eine Stunde, um allein zu sein, zu lesen, Briefe zu schreiben oder einfach nachzudenken. Doch schon nach kürzester Zeit wurde ein Trupp entsandt, um sie zu finden. Besorgt standen sie dann da, die Mitglieder der Gastfamilie: Bist du krank? Bist du einsam? Bist du traurig? Hast du Heimweh? Das gegenseitige Verständnis konnte fast alles umfassen, nur dies nicht: den Wunsch, allein zu sein. «Allein», in der traditionellen Gesellschaft ist dieses Wort, ist dieser Zustand ausschließlich negativ besetzt.

Die westliche Kultur begann traditionell und schlug dann einen spezifischen Weg ein. Dieser Weg, der von der jüdisch-christlichen

Tradition seine Richtung erhielt, läßt sich auch als großes Kulturexperiment beschreiben. Denn geschichtlich hat die Menschheit bislang immer nur dann «Stabilität» erreicht, wenn sie viel Zwang dahintersetzte. Der Westen aber strebt eine stabile Freiheit an, das heißt eine stabile soziale Ordnung, die aus dem selbstgestalteten Zusammenleben freier Menschen besteht. Dieses Ziel setzt die Überwindung von Grenzen voraus und kann nur etappenweise verfolgt werden. Zuerst ersetzte der innere Zwang den äußeren. Die Menschen sollten von sich aus das Richtige tun, nicht nur, weil ihre Mitmenschen sie andernfalls bestrafen würden, und nicht nur, weil spätestens Gott sie bestrafen würde, wenn die Mitmenschen dazu nicht in der Lage wären. Sie sollten das Richtige tun aus dem Wunsch heraus, ein gottgefälliges Leben zu führen und gute Menschen zu sein. Die katholische Beichte ist das klarste Symbol dieser Etappe – die Gerichtsbarkeit wurde abstrahiert, der einzelne wurde zum Ankläger seiner selbst. Zunächst war der Priester noch als Richter notwendig; er setzte die Strafe fest, die vom einzelnen «freiwillig» vollstreckt wurde in Form von Buße, Wiedergutmachung und Gebet. Dann trat eine weitere Verfeinerung ein: Die Beichte war überhaupt nur mehr Selbstbesinnung, der einzelne auch noch sein eigener Richter. Wurde in dieser Etappe, obschon immer abstrakter, noch mit Strafe und Belohnung operiert, war die nächste Etappe weitaus komplexer.

Mit der zunehmenden Infragestellung der Existenz Gottes fielen Strafe und Belohnung weg. Weitgehend sanktionslos stehen die einzelnen nun vor der Herausforderung, ihr Verhalten selbst zu bestimmen, zu verantworten und einzuschränken. Dabei unterliegen die eindeutig kriminellen Handlungen natürlich nach wie vor der Bestrafung durch die Gemeinschaft, doch diese Form der Sanktionierung ist und war schon immer sehr ineffizient – weshalb sich jede vorangegangene Kultur eine Religion, das heißt die Drohung überirdischer Bestrafungen, zu Hilfe nehmen mußte. Dafür, daß Gott, das Paradies und die Hölle zweifelhaft geworden sind und daß fast alles erlaubt ist, ist unsere westliche Gesellschaft erstaunlich tugendhaft geblieben.

Hinter den tausendfachen, oft eintönigen oder scheinbar oberflächlichen Zeitschriftenartikeln über Treue und Untreue, Scheidung, Intrigen am Arbeitsplatz, Kindererziehung und dergleichen mehr steht in Wirklichkeit ein sehr komplexer, fortlaufender moralischer Diskurs. Was ist erlaubt, und wie ist es zu erreichen? Welche Mittel sind gerechtfertigt, um welche Ziele anzupeilen? In Ermangelung einer Verwandtschaft, die alles streng beaufsichtigt, und einer Sittenpolizei, die drastisch eingreift, wird das Leben zum Parcours. Ist es falsch, wenn ich meinen Mann betrüge? In Afghanistan leicht zu beantworten: Es ist falsch, und wenn jemand dahinterkommt, wirst du gesteinigt. In Nordrhein-Westfalen schwerer zu beantworten. Ist es auch dann falsch, wenn er mich vor einem halben Jahr betrogen hat? Wenn wir eigentlich beide an die «offene Ehe» glauben? Wenn ich ihn zwar liebe, von ihm aber nicht die emotionale Zuwendung bekomme, die ich brauche – und von meinem Freund erhalte? Wenn der Freund mir den Verbleib in einer Ehe ermöglicht, die andernfalls vielleicht schon geschieden wäre?

Ich habe mein Kind geschlagen. War das falsch? Auch dann, wenn ich damit ein gefahrvolles Verhalten des Kindes verhindern wollte? Auch dann, wenn ich aus Überlastung im Affekt handelte und nicht anders konnte?

Was schulde ich den anderen, und was schulde ich mir selbst? Es ist falsch zu sagen, daß wir kein Gemeinschaftsgefühl, keinen Zusammenhalt mehr hätten. Viel mehr als in der traditionellen Gesellschaft sind wir letztlich aufeinander angewiesen. Die äußeren Referenzpunkte in Frage stellend, haben wir nur mehr einander und den ständigen Diskurs, um Orientierungen zu finden. Nicht einmal Fragen nach der eigenen Befindlichkeit können wir, ganz alleine, beantworten. Muß ich heiraten? Brauche ich einen Partner? Bin ich auch ohne Partner glücklich? Selbstreflexion erreicht ständig ihre Grenzen und wirft uns zurück auf die anderen: Wie denken sie? Wie geht es ihnen?

O Freiheit, o Angst vor ihr

Unsere Beschwerden über die Zivilisation im allgemeinen und über unsere eigene Gesellschaft im besonderen sind verräterisch: Wir beklagen uns über die zu starken Kontrollen, die uns einschränken, über die Reglementierung und die zu große Einheitlichkeit. Wir kritisieren die Massengesellschaft, die Anpassungszwänge, die subtilen Beeinflussungen durch Medien und Moden. In populären Büchern wird neuerdings die «Wildnis» heraufbeschworen, werden die traditionellen Gesellschaften idealisiert, weil sie angeblich den wilden Impulsen im Menschen (oder, eine neue Literaturgattung, im Mann) besser Rechnung tragen. In Wochenendseminaren versuchen die Anhänger dieser Richtung, wieder mit dem «wilden Mann in sich selbst» Kontakt aufzunehmen. Die Teilnehmer werden von den Seminarleitern aufgefordert, mit Trommeln und Gebrüll zurückzufinden zur archaischen Wildheit ihrer Seelen.

In Wirklichkeit vermitteln diese Bücher und Veranstaltungen jedoch das Gegenteil dessen, was sie vorgeben. Sie verraten eine immense Angst vor der Wildnis und eine Sehnsucht nach den Regeln starrer alter Ordnungen. Die Stammesgesellschaften, die in vielen Büchern verherrlicht werden, zeichnen sich vor allem durch eines aus: Sie alle waren in ihrer sozialen Ordnung vergleichsweise repressiv. Sie ließen dem einzelnen keine Freiheit und nahmen seine Existenz an sich überhaupt nicht wahr, sondern waren extrem hierarchisch. Was als ihre größere Trieb- und Naturnähe gepriesen wird, reduzierte sich in Wirklichkeit auf wenige, stark ritualisierte «Massenabfertigungen» der menschlichen Impulse. Das war «einfacher», wie auch alles andere an den (früher, bis der Ausdruck außer Mode kam und verpönt wurde) nicht ohne guten Grund als «primitive» Gesellschaften beschriebenen Stämmen «einfacher» war als in den Hochkulturen: die Kochrezepte, die Bekleidung, die Behausung, die Transportmittel. Das Leben in einem solchen System ist vor allem deshalb einfacher, weil dem einzelnen keine Rechnung getragen wird; er oder sie existiert nur als Teil des Kollektivs und ist aufgerufen, sich möglichst abweichungsfrei in dieses Kollektiv einzufügen.

Nehmen wir ein Beispiel, das Robert Bly als positive Illustration für die Initiation junger Männer in primitiven Gesellschaften anführt: den «Initiationsbrauch, den die Aborigines, die australischen Ureinwohner, ausübten. Die alten Männer, die die Jungen aus der Gemeinschaft fortgebracht haben, erzählen ihnen die Geschichte vom ersten Mann, Darwalla. Die Jungen hören dieser Erzählung über den Urmann, ihren Adam, aufmerksam zu. Es stellt sich heraus, daß Darwalla in einem Baum ganz in der Nähe sitzt. Während die Jungen versuchen, Darwalla in dem Baum zu entdecken, geht ein alter Mann die Reihe entlang und schlägt jedem Jungen einen Zahn aus. Dann erinnern die alten Männer die Jungen daran, daß Darwalla etwas Ähnliches passiert ist. Er verlor einen Zahn. Bis an ihr Lebensende werden ihre Zungen den ausgebrochenen Zahn mit einer lebendigen Beziehung zu Darwalla verknüpfen. Für eine lebendige Beziehung mit Adam würden wohl die meisten von uns einen Zahn opfern» (Bly, Eisenhans, München 1991, S. 52).

Blys Beispiel ist tatsächlich gut gewählt. Wir können ihm genau die Werte entnehmen, die in dieser sozialen Organisationsform bestimmend sind: Die Alten herrschen über die Jungen mit der Macht der Tradition, schüchtern sie ein mit quasireligiösen Märchen und untermauern das Ganze noch mit ritualisierter Gewalt. Hier ist kein Platz für jemanden, der Fragen stellt oder sich den traditionellen Praktiken widersetzt. Hier haben wir die Reglementierung in Reinkultur. Was also ist es, was daran sehnsüchtig und nostalgisch stimmt? Nicht die Freiheit, denn davon haben wir in modernen Kulturen unvergleichlich mehr. Was hier reizvoll erscheint, ist die Entlastung. In der traditionellen Gesellschaft sind nicht nur die Regeln klar, die einzelnen sind auch weitgehend von Schuld und Verantwortung freigestellt. Alles wird so gemacht, wie es immer schon gemacht wurde. Man hält sich daran, weil andernfalls irgendein Gespenst aus dem Baum gesprungen (oder ein Blitz aus dem Himmel gefahren) kommt. Entscheidungen überläßt man den Alten, den Priestern, den Kriegern. Man weiß, wo man hingehört, und fügt sich in die wohltuende Gemeinsamkeit ein – Mitgliedschaft sofort erkennbar: Zahn ausgeschlagen.

Demgegenüber hat die westliche Kultur etwas sehr Gewagtes,

sehr Mutiges versucht. Sie hat den einzelnen aus der Umklammerung der Gruppe geholt und in die Mündigkeit entlassen. Weder haftet die Sippe, noch macht der Familienvorstand Gesetze; jeder von uns hat sich zu verantworten, wobei die Instanz, vor der wir Rechenschaft ablegen müssen, nicht einmal mehr klar gegeben ist. Vor uns selber? Vor dem Jüngsten Gericht? Vor der Medienöffentlichkeit und den Journalisten, die das Privatleben zumindest der prominenteren Menschen prüfen und ahnden?

An der Entwicklung der westlichen emanzipatorischen Bewegungen läßt sich dieser Prozeß beispielhaft veranschaulichen: Zuerst kritisierte die Frauenbewegung das Geschlechterverhältnis rein historisch und politisch; hinterfragt wurde «das Patriarchat», eine abstrakte Konstruktion. Auch die Kritik am Verhalten der «Männer» und der «Männergesellschaft» blieb noch theoretisch genug, um es dem einzelnen zu überlassen, ob er sich davon angesprochen fühlen wollte oder nicht.

Erst mit der Zeit wurden die Motive konkreter und die Zielvorgaben präziser. Bestimmte, empirisch klar demonstrierbare Phänomene rückten in den Vordergrund: Gewalt in der Ehe, statistisch dokumentierbar durch Untersuchungen und Polizeistatistiken sowie visualisierbar durch die Frauenhäuser, in denen tatsächliche, zeitgenössische Opfer den Wahrheitsgehalt der Beschwerde belegten, Lohnunterschiede, tabellarisch aufzeigbar. Der Gedanke der Verantwortlichkeit wurde konkreter durch konkrete Gruppenbildungen: die weiblichen Angestellten einer bestimmten Firma, die kollektiv eine Klage einreichten, Frauen in bestimmten Lebenssituationen, die gemeinsam eine unrechte Behandlung beanstandeten.

Die jüngsten Sensationsprozesse in den USA stellen nur die neueste Etappe in diesem Prozeß dar. In ihren Individualklagen gegen Clarence Thomas, William Kennedy Smith und Mike Tyson vertraten die Klägerinnen das Prinzip der individuellen Verantwortung. Das setzt die Bereitschaft voraus, selber als Individuum einzustehen und das eigene Verhalten prüfen und beurteilen zu lassen. Ohne dieses Vorgehen zu bewerten, können wir dennoch feststellen, daß es sich dabei um einen enormen Schritt handelt. Ohne Rücksicht auf Schamgrenzen und «Gesichtsverlust» – eine

Rücksichtnahme also, die in traditionellen Kulturen unantastbar ist – wurden intime Vorgänge detailliert und öffentlich abgehandelt. War das geschmacklos? War es schlecht? Auf eine Beantwortung dieser Fragen müssen wir vorübergehend verzichten, um zunächst einmal zu erkennen, was hier kulturell stattgefunden hat: fast schon eine Revolution.

In der traditionell islamischen Gesellschaft genügt ein Gerücht über einen unerlaubten sexuellen Kontakt, um die Frau – auch wenn sie dabei das Opfer war – zu ruinieren. Auch bei uns wird die überwältigende Mehrzahl von Vergewaltigungen polizeilich nicht gemeldet, weil die Opfer sich schämen. Die Scham des Opfers entläßt den Täter aus der Verantwortung für seine Handlung. Die Bereitschaft des Opfers, diese Barriere zu überwinden, zwingt den Täter zur Verantwortung. War der Einzelfall früher nur als ein Mosaikstein der Grundlagenproblematik von Interesse, ist es jetzt umgekehrt. Der Einzelfall entfacht die Diskussion über das abstrakte Problem. In einer amerikanischen Zeitschrift reflektiert eine Frau ihren Entschluß, ihren Vater zu verklagen und sich damit in ihrer Kleinstadt öffentlich als Inzestopfer zu erkennen zu geben. Ihr Vater war ein angesehener Mann im Ort gewesen, und es war nicht leicht für diese Frau, sich Gehör und Glauben zu verschaffen darüber, daß sie von ihrem fünften Lebensjahr an von ihm mißbraucht worden war. Die öffentliche Abhandlung des Geschehenen half ihr zwar, Verdrängtes aufzuarbeiten und damit ihre Ehe und ihre Beziehung zu ihren eigenen Kindern auf eine gesündere Basis zu setzen, aber zugleich kostete es Nerven und eine starke Selbstüberwindung, an die Öffentlichkeit zu treten. Im Artikel rechtfertigt sie diesen Entschluß mit der Erkenntnis, daß es keine andere effektive Gegenwehr gegen dieses soziale Problem gibt. «Erst wenn die Kinder sprechen», sagt sie, «werden die Täter ihr Verhalten einstellen. Erst wenn jedes betroffene Kind ein Gesicht hat und jeder Täter einen Namen, wird das aufhören.»

Ihre Formulierung ist nicht nur sehr poetisch, sondern auch sehr aufschlußreich. In der traditionellen Gesellschaft verliert man an «Gesicht», wenn man in irgendwelche geächteten Vorgänge involviert ist – auch unschuldig. Dem Beispiel dieser Frau folgend, bekommt man ein Gesicht, wenn man für etwas eintritt. Etwas wird erst dann wirklich, wenn es ein «Gesicht» bekommt – das Gesicht einer Person, die bereit ist, dafür auf- oder einzutreten.

Eine gesellschaftliche Moral der Verantwortung, Prüfung und Selbstkritik beinhaltet auch die Bereitschaft der westlichen Kultur, sich selber als Kultur permanent in Frage zu stellen. Der Westen hat ohne jeden Zweifel die breitestangelegte Schul- und Bildungsinfrastruktur der Welt und der Weltgeschichte, aber begleitet wird dieses Schulsystem, mindestens seit der Jahrhundertwende, von permanenten Diskussionen darüber, warum es so schlecht ist und die Kinder nichts lernen. Sogar der Begriff des Analphabetentums wird dabei leichten Herzens bemüht. Dem ist entgegenzuhalten, daß zum Beispiel in der islamischen Welt nirgendwo mehr als die Hälfte der Bevölkerung lesen und schreiben kann. Armut spielt mancherorts eine Rolle, aber ebenso entscheidend ist der traditionelle Starrsinn: Auch dort, wo Schulen kostenlos sind, dürfen Mädchen sie häufig nicht besuchen. Weil Bildung sie nur arrogant und rebellisch machen könnte. Weil sie gebären und gehorchen sollen, nicht lesen und nachdenken.

Nicht nur in der Frauenfrage kann Europa sich, alles in allem und bei allen Einschränkungen, sehen lassen. Ausländerfeindlichkeit? Die gibt es, sie ist ein immenses Problem. Aber es gibt viele Stimmen, die sich protestierend und warnend erheben. In Saudi-Arabien werden Sie niemanden finden, der auf sein T-Shirt «Ich bin Ausländer» schreibt. Dort sind Ausländerhaß und Rassismus normale Nationaleigenschaften, eine Selbstverständlichkeit. Für die meisten Saudis hat Gott die Eigenschaften der Menschen sehr sorgsam verteilt, wobei die Bequemlichkeit der Saudis für ihn das maßgebliche Kriterium war. Sie sind der Gipfel der Schöpfung; die anderen sind minder, aber nützlich. Asiaten haben die Mentalität von Dienern, aber sie haben freundliche Gesichter und eine respektvolle Höflichkeit; daher sind sie bestens geeignet als Empfangspersonal der Hotels und als Hausangestellte. Pakistanis sind pragmatisch und tüchtig, eignen sich also gut für die Verwaltung. Afghanen sind gut im Ausheben von Brunnen. Als Diener sind sie nützlich, als Menschen inferior. Sind sie Moslems und weiß oder braun, dann sind sie noch halbwegs anzuerkennen. Orientalen oder Schwarze hingegen sind jenseits aller Rücksichtnahmen. Keiner drückt sich gröber und rassistischer über die Afrikaner aus als die Araber.

Kuwaitische Sozialarbeiterinnen sind immer wieder mit einem ganz speziellen Mißhandlungsproblem konfrontiert: mit der Mißhandlung asiatischer Hausangestellter durch ihre kuwaitischen «Familien». Haushaltsgehilfinnen und Kindermädchen werden von den Philippinen oder aus Thailand angeheuert; ihre Dokumente müssen sie abgeben, und sie haben kein Rückflugticket. In sklavenähnlicher Abhängigkeit gehalten und verachtet von den Kuwaitis, für die ein Asiate zur Rasse der Diener gehört und somit tief unter einem Araber steht, werden sie von ihren Arbeitgebern nicht selten auch geschlagen. Moderner denkende Kuwaitis finden das bedenklich, und auch kuwaitische Pädagogen sind beunruhigt. Kann es gut sein für die Kinder des wohlhabenden kuwaitischen Mittelstandes, von getretenen Dienerinnen aufgezogen zu werden? Rächen diese Frauen sich nicht vielleicht, in unbeaufsichtigten Augenblicken, an ihren kleinen Schützlingen? Was bedeutet es für die psychologische Entwicklung der Kinder, wenn ihre Erzieherinnen vor ihren Augen von ihren Eltern geschlagen werden?

Am Westen werden unter anderem auch die hohen Scheidungszahlen kritisiert. Diese würden zeigen, daß der Egoismus und der Drang nach Selbstverwirklichung ungeheuerliche Dimensionen annimmt, daß die Menschen hier nicht mehr fähig sind zu Kompromissen, Bescheidenheit und Anpassung, daß sie ihr eigenes vermeintliches Glück über das Glück der Kinder und der Familie stellen, daß die traditionellen Werte zusammengebrochen sind und die Struktur der Familie in Trümmern liegt.

Ehen in Indien wirken demgegenüber wie das hämische Zerrbild dieser Kritik. Dort ist die Familie noch stark, die Ehe haltbar. Die Aufopferungs- und Anpassungsbereitschaft der einzelnen, namentlich der Frauen, ist fast unbegrenzt. Manchmal geht das gut – wenn wir unter «gut» verstehen, daß die Familien, um den Preis von egal wieviel Unglück, intakt bleiben.

Frauen, die ihr Leben lang getreten und mißachtet wurden, können nicht einmal daran denken, Gleichheit mit Männern erzielen zu wollen. Ihnen bleibt, um ihr Unglück zu ertragen, nur eine einzige Art von Gleichheit, die schreckliche Gleichheit der Opfer. Sie können erreichen, daß auch eine andere Frau – ihre Schwiegertochter, ihre Tochter – so unglücklich wird wie sie selbst.

Auch junge Männer müssen sich in eine arrangierte Ehe fügen. Nicht immer gefällt ihnen die Kandidatin, die man für sie ausgewählt hat. Weil sie erzogen wurden in dem Glauben, daß sie das kostbarste und wichtigste auf dem ganzen Planeten sind, ärgert es sie, wenn ihre romantische Vorstellung von einer strahlend schönen, tugendhaften, aber sinnlichen, modernen, aber unterwürfigen Braut nicht vollends in Erfüllung geht. Diesen Ärger lassen sie an der Braut aus, und sie werden darin von ihren Angehörigen ermutigt.

Wenn wir vergleichen wollen, können wir sagen, daß das islamische Familienbild etwas positiver ist als das indische. Auch die islamische Frau soll dem Mann untergeordnet sein, aber es wird ihr nicht der extreme Grad an Untertänigkeit abverlangt, der zum indischen Frauenideal gehört. In der islamischen Familie gilt die Gemeinschaft der Frauen als eine geschlossene, solidarische Einheit – sie sollen sich gegenseitig mögen, helfen und den Großteil ihrer Zeit miteinander verbringen. Die indische Familie hingegen beruht auf einem Konfliktmodell: Die Schwiegermutter soll ihrer Schwiegertochter gegenüber kritisch und ablehnend sein – als eine Art Initiationsritual und um sicherzustellen, daß die Hierarchien gewährleistet bleiben. Die Schwiegertochter soll durch Demut und Unsicherheit bezeugen, daß sie ihre Stellung ganz unten in der Familienhierarchie akzeptiert und bereit ist, sich durch Fleiß und Gebärfreude langsam hochzuarbeiten. Der Konflikt zwischen diesen beiden Frauen ist damit auch eine Art von Täuschungsmanöver, denn der Ehemann bleibt unbeteiligt. Seine Mutter vollstreckt seine Wünsche, kritisiert an seiner Stelle die Unzulänglichkeiten seiner Frau, bestraft sie und hält sie klein. Sie ist die Böse, die die heimlichen Ressentiments der Schwiegertochter auf sich lädt.

Der Unterschied zwischen der indischen und der islamischen Familie zeigt sich auch in der Gegenüberstellung von Mitgift und Brautgeld. Indische Familien verlangen von der Familie der Braut eine Mitgift. Weil sie die Ausgaben auf sich nehmen, diese Frau – ein an sich minderwertiges Lebewesen, das man aber aus sexuellen und reproduktiven Gründen in der Familie braucht – zu beherbergen, zu ernähren und zu kleiden, fordern sie eine Aufwandsentschädigung von den Brauteltern.

Islamische Familien bezahlen an die Familie der Braut ein Brautgeld. Und sie erhalten dafür eine wertvolle Gegenleistung: eine zusätzliche Arbeitskraft, eine Partnerin für ihren Sohn, eine Mutter für die Nachkommenschaft. Weil die Eltern von Töchtern 15 oder 16 Jahre lang eine Person erhalten und aufziehen müssen, die dann, sobald sie produktiv sein könnte, in eine andere Familie überwechselt, können sie eine Aufwandsentschädigung erwarten, als kleine Abgeltung ihrer Erziehungsarbeit und ihrer Ausgaben.

Sicherlich wird die Frau in beiden Fällen vergegenständlicht, ist sie keine Handelnde, sondern ein Objekt der Verhandlungen und ein Nutzwert. Trotzdem ist der Unterschied sehr wesentlich. Im ersten Fall ist die Frau wertlos, eine Bürde, und muß dankbar sein, daß irgendwer sie aufgenommen hat. Im zweiten Fall ist sie wertvoll, jemand, den diese andere Familie gerne aufnehmen will.

Umgekehrt kann die indische Gesellschaft für sich beanspruchen, daß sie den Frauen nicht die exzessiven Einschränkungen ihrer Bewegungsfreiheit auferlegt, wie dies bei der islamischen Gesellschaft der Fall ist. Indische Frauen können sich in der Öffentlichkeit bewegen, können berufstätig sein, können in gemischter Gesellschaft auftreten, ohne den Regeln der Geschlechterapartheid unterworfen zu sein.

Unrecht muß auch dann als Unrecht behandelt werden, wenn die Haut des «Täters» braun und der «Tatort» dem Äquator nahe ist. Trotz größter Bemühungen ist der manchmal durchaus gebotene Verzicht auf Vergleiche nicht unbegrenzt durchzuhalten. Gewalt gegen Frauen in Deutschland – mangelhaft bestraft, erschreckend verbreitet, zu wenige Frauen nehmen ihre gesetzlichen Möglichkeiten in Anspruch. Gewalt gegen Frauen in Pakistan – dem Ehemann erlaubt, allseits als normal betrachtet, es gibt keine gesetzlichen Möglichkeiten. Geburtspraktiken in Deutschland – Ärzte oft herrisch, starrer Klinikbetrieb, Bevormundung der

Frauen. Geburtspraktiken in Afghanistan – 13 oder 14 Schwangerschaften sind keine Ausnahme, wer keinen Sohn produziert, wird geächtet und gestraft, der Tod der Frau bei einer Geburt wird ohne Bedauern als ihr Schicksal hingenommen, medizinische Betreuung von Schwangeren gilt als überflüssiger Luxus, der die Frau lediglich auf abseitige Ideen bezüglich der eigenen Wichtigkeit bringen könne.

Wo ist es besser? Strengstens, allerstrengstens war es uns verboten, diese Frage in dieser Form überhaupt nur zu stellen, geschweige denn sie zu beantworten. Schon der Gedanke war tabu, wollte man sich als aufgeschlossener, toleranter Mensch präsentieren.

Und doch ist die Frage wichtig, und doch hat sie eine klare Antwort: Hier ist es besser, viel besser. Es ist besser, es ist humaner, es ist freier, es ist gerechter. Es ist auch toleranter, trotz allem. Wirklich vorzuwerfen ist der westlichen Kultur in erster Linie dies: daß sie nicht zu ihren eigenen Werten steht. In Österreich können Schulkinder wahlweise in die katholische, die evangelische oder die islamische Religionsstunde gehen, oder in gar keine. In Saudi-Arabien ist es den dort lebenden Europäern verboten, Weihnachten zu feiern, und Weihnachtsbäume werden, falls gefunden, beschlagnahmt und vernichtet. In Europa steht jede Religionsstätte, auch der Vatikan, jedem Besucher offen. In Saudi-Arabien ist es den Nichtmoslems unter Androhung der Todesstrafe untersagt, auch nur in den entfernten Umkreis von Mekka zu gelangen. In Wien sieht man, infolge der hier angesiedelten internationalen Organisationen und des Tourismus, sehr oft Frauen aus den Arabischen Golfstaaten; sie gehen in den Parkanlagen spazieren und tragen dabei ihre schwarzen Gesichtsmasken, ihre Schleier. Sie ernten vielleicht neugierige Blicke, aber keiner zwingt sie, diese Kleider abzulegen. Europäische Frauen in den meisten arabischen Ländern aber riskieren alles, wenn sie sich nicht an die dort üblichen Kleidungsvorschriften halten. Andererseits ist die Selbstkritik, auch noch in ihrer masochistisch-überzeichneten Variante, ein Teil des Motors, der den Prozeß der moralischen Entwicklung in Europa vorantreibt.

Das Königreich der Apartheid

Nichts als Wüste

Kritiker werfen dem Westen vor, intolerant zu sein. Sie sollten eine Bildungsreise nach Saudi-Arabien planen – wenn sie überhaupt ein Einreisevisum bekommen. Dort ist es verboten, eine andere als die Staatsreligion zu praktizieren. Apartheid ist das grundlegende Gesellschaftsprinzip, und wer kein Araber ist, wird mit offener rassistischer Verachtung behandelt.

Eine ausländische Frau darf Saudi-Arabien nur betreten, wenn sie entweder als Dienende (philippinische Zofen, Krankenschwestern) oder als Ehefrau eines einreisenden Mannes kommt.

Auch die wenigen westlichen Journalistinnen, die Länderberichte und Reportagen über Saudi-Arabien verfaßten, benötigten hierzu ihren Ehemann als «Sesamöffnedich» für die Einreise.* Ich zögere, ehe ich mich zu diesem schmachvollen Entschluß durchringe, aber letztlich siegt die Neugierde. In meiner Eigenschaft als mitgebrachtes Gepäckstück erhalte ich das Visum, und das Königreich steht mir endlich offen.

Kurze Zeit nach meinem Besuch soll ich Genugtuung erfahren. Denn inzwischen war noch eine zweite Einreisemöglichkeit für Frauen hinzugekommen: Als die stolzen Saudi-Krieger (Flaggensymbol: gekreuzte Schwerter) aus Angst vor Saddam Hussein erbebten, baten sie amerikanische Truppen um Schutz vor dem arabischen Bruderstaat. Nun durften auch amerikanische Soldatinnen kommen, um sie zu verteidigen.

Riyadh.
«Wo ist Ihr Mann?» fragt barsch ein Polizist, der sich mir unbemerkt genähert hat, während ich gedankenverloren in der Ankunftshalle stehe und auf unsere Koffer warte. Erst durch seine Frage werde ich darauf aufmerksam, daß ich die einzige Frau am Gepäckkarussell bin. Mein Mann ist zum Schalter gegangen, um einen Weiterflug umzubuchen; ich wollte inzwischen Ausschau halten nach dem Gepäck, aber diese Aufgabenverteilung ist hier offenbar nicht üblich. Ich sehe mich um nach den anderen Frauen: Eingehüllt in ihre schwarzen *abayas*, sitzen sie brav in einem abgetrennten Frauenwarteraum und haben weder mit dem Gepäck noch mit sonstigen Geschäften des Alltags etwas zu tun.

* Auch den beiden Autorinnen wurde die Einreise verweigert. Cheryl Benard entschloß sich daher, in Begleitung ihres Mannes zu reisen.

Ein Freund holt uns vom Flughafen ab. Er ist Palästinenser. Er will mit uns essen gehen und uns dann ins Hotel bringen. Er hält vor einem Restaurant, läuft hinein, kommt wieder heraus, fährt weiter, hält beim nächsten Restaurant, kommt wieder heraus, wir fahren weiter... «Ich muß eins finden, das dich hineinläßt», meint er dann erklärend. Schließlich fällt ihm eine kleine Sandwich-Snackbar ein, in der auch Frauen bedient werden.

Ich habe dazu sofort eine Fülle von Gedanken, aber an eine meiner Reaktionen erinnere ich mich besonders, weil sie so pervers ist: Ich fühle mich schuldig. Wenn ich nicht wäre, ich Neger, ich Jude, ich Aussätzige, dann stünde meinen beiden Begleitern jeder festliche Speisesaal offen. Meinetwegen aber sitzen sie jetzt auf filigranen Plastikstühlen und essen ein Käsebrot. Ich fühle mich komisch dabei, ich fühle mich aussortiert. Wir sind nicht, wie es in Europa der Fall wäre, drei befreundete Leute, die miteinander essen gehen und reden. Wir sind zwei Herrenmenschen und ein Paria, den sie aus Nettigkeit an ihren Tisch gesetzt haben.

Schon vor meiner Einreise wußte ich natürlich, daß ich mich in eine Apartheid-Gesellschaft begab. Wenn ich meinen gefühlsmäßigen Zustand hätte prognostizieren sollen, hätte ich ethnologische Neugierde vorhergesagt, oder Schadenfreude, weil es mir gelungen ist, mich hier einzuschmuggeln, obwohl ich als Besucherin unerwünscht bin, vielleicht auch Zorn. Ich hätte nicht damit gerechnet, daß es mir so nahe geht – nicht so schnell, und nicht schon wegen einer solchen Kleinigkeit.

Dieses eigenartige Gefühl der Schuld soll mich während des ganzen Aufenthalts begleiten. Wenn ich versuche, es zu analysieren, reduziert es sich vielleicht auf dies: Die Unbefangenheit meines Alltags ist mir verlorengegangen, ganz plötzlich. Ich bin nicht mehr einfach irgendwer, der auf der Straße unterwegs ist. Ich bin ein Störfall. Jede Frau, die hier auf der Straße ist, ist ein Störfall, wird kritisch gemustert und soll so rasch wie möglich wieder verschwinden. Ich komme mir doppelt so groß vor wie sonst, so als ob ich in störender Weise aus der Menge herausragen würde. «Europa geht mir manchmal sehr ab», erzählt mir, später, eine junge Frau im Oman. Sie hat in Paris studiert, sie hat einen interessanten Job und einen netten, verständnisvollen Ehemann, aber an diesen kulturellen Unterschied muß sie oft denken. «Sicher ist das Leben in einer europäischen Großstadt oft sehr einsam, sehr entfremdet, sind die menschlichen Kontakte mitunter sehr anonym. Aber auch das hat zwei Seiten. Manchmal sehne ich mich danach, *a face in the crowd* zu sein, ein anonymes Gesicht in der Masse. Hier werde ich, als Frau, ständig beobachtet und bewacht. Es gibt kein zielloses Spazierengehen, kein gedankenloses Bewegen. Das fehlt mir manchmal so sehr, daß ich glaube, hier nicht mehr bleiben zu können.»

An der Apartheid leiden in Saudi-Arabien erwartungsgemäß vor allem die Ausländer. Nicht so sehr die westlichen Ausländer, die in ihren Enklaven ein halbwegs normales Leben weiterführen und ihren Aufenthalt ohnehin nur als skurrile, lukrative Episode betrachten, sondern eher die Immigranten aus anderen islamischen Ländern, die weniger innere und äußere Distanzierungsmöglichkeiten haben und denen auch eine striktere Anpassung abverlangt wird. An das erste Jahr ihres Aufenthalts erinnert sich die Afghanin Margala P. wie an einen düsteren Alptraum. Ihr Mann war vorausgefahren, um seine Arbeit anzutreten und eine Wohnung zu finden. Margala hatte derweilen den Umzug organisiert und kam mit 15 Kisten Haushaltsgut sechs Wochen später nach. «Den ersten Tag werde ich nie vergessen», erzählt Margala. «Ich habe mich in der Wohnung umgesehen, die winzig klein und ziemlich dunkel war, dann fing ich an, ein paar Kisten auszupacken, und dann beschloß ich, mich ein wenig in meiner neuen Nachbarschaft umzusehen. Ich zog meinen langen Mantel an, band mir ein Kopftuch um und ging zur Tür. ‹Wohin gehst du?›, fragte mein Mann ganz alarmiert. ‹Ach›, sagte ich, ‹ich geh nur ein bißchen spazieren.› ‹Das ist unmöglich!› rief er. Die nächsten drei Monate waren schrecklich. Nachdem ich alles ausgepackt hatte, hatte ich nichts mehr zu tun. Diese winzige Wohnung aufzuräumen beanspruchte maximal eine Stunde, auch wenn ich es noch so gründlich machte. Ich versuchte, so lange wie möglich zu schlafen. Der Nachmittag war endlos. Das Gefühl, nicht hinauszukönnen, war unerträglich. Langsam lernte ich ein paar andere Frauen kennen. Eine davon besaß einen Frisiersalon. Ich habe einen Magister in Ökonomie und war in meiner Heimat Filialleiterin einer Bank, aber in meiner Verzweiflung flehte ich sie an, mich in ihrem Salon einzustellen. Ich habe den Frauen die Haare gewaschen und die Buchhaltung gemacht, und diese Zeit war eigentlich schön. Ich habe viele Freundinnen gewonnen. Eines Tages kam dann von der Regierung die Order, daß alle Frisiersalons für Frauen ab sofort zu schließen seien. Der Grund: Irgendwem war aufgefallen, daß sich hier eine Lücke im Bewachungsapparat auftat. Die Frisiersalons boten Frauen ein Alibi; sie konnten sich vom Familienchauffeur dort absetzen und zwei Stunden später abholen lassen, ohne daß ein Verdacht aufkam. Aber was taten sie in diesen zwei Stunden? Ließen sie sich wirklich bloß die Haare kolorieren und fönen? Oder verließen sie den Salon flugs durch einen Hinterausgang, um sich heimlich mit einem Liebhaber zu treffen? Heute ist unsere Situation absurd. Wir frisieren unsere Kundinnen weiter, aber in der Privatwohnung. Meine Freundin hat im hinteren Teil ihrer Wohnung einen Salon eingerichtet, heimlich sozusagen, und dort führen wir verbotenerweise das Geschäft weiter. Wir sind sozusagen im Untergrund: Dauerwellen im Untergrund.»

Margala hatte Bekanntschaft gemacht mit einem Hauptmerkmal der saudiarabischen Gesellschaft: mit ihrer extremen sexuellen Paranoia. Wenn man seine Frau oder Tochter auch nur eine Stunde lang aus den Augen verliert, schmeißt sie sich garantiert mit dem Nächstbesten ins nächstgelegene Bett. Das Bild der Sexualität, das islamische Gesellschaften entwerfen, wird zur *self-fulfilling prophecy*: Es wird davon ausgegangen, daß Männer und Frauen sich ausschließlich als sexuelle Beziehungspartner sehen, daß der bloße Anblick einer Frau im Mann schon die ausschweifendsten sexuellen Gedanken auslöst, daß ein Mann und eine Frau keinen normalen, einfachen zwischenmenschlichen Kontakt zueinander haben können, sondern alles unter dem sexuellen Aspekt sehen. Die «Maßnahmen», die sie dagegen ergreifen, stellen erst den Zustand her, den sie angeblich bekämpfen wollen. *Weil* die Frauen versteckt, verhüllt und verboten werden, sind sie für die Männer der Inbegriff der Sexualität, ungemildert und unrelativiert durch andere mögliche Arten der Beziehung und der alltäglichen Interaktion. Mit Frauen kann man nicht reden, nicht arbeiten, nicht diskutieren, man sitzt nicht neben ihnen im Autobus, ißt nicht mit ihnen, geht nicht mit ihnen spazieren. Die Apartheid erreicht, was sie verhindern wollte: Männern fällt zu Frauen nichts anderes ein, als daß man mit ihnen schlafen könnte.

Mein nächster Stop nach Saudi-Arabien war Djibuti, ebenfalls ein islamisches Land, aber eines, in dem afrikanische Kulturelemente dominieren. Das erste, was ich nach Verlassen des Flughafens sah, war ein Taxifahrer. Er hatte sein Fenster geöffnet, und an sein Auto angelehnt stand eine ältere Dame, mit der er plauderte und lachte. Wäre ich nicht aus Saudi-Arabien gekommen, wäre mir diese Szene niemals aufgefallen. Ein junger Mann, eine alte Frau, die völlig entspannt und freundlich miteinander reden – in Saudi-Arabien ist ein solches Ereignis undenkbar.

Die sexuelle Paranoia verhindert nicht nur die Möglichkeit einer normalen menschlichen Interaktion zwischen den Geschlechtern, sie beeinträchtigt auch noch etwas anderes, was in diesem Kulturkreis angeblich so geschätzt und gepflegt wird: ein inniges Familienleben. Nicht bloß aus psychologischen, schon aus rein logistischen Gründen kann es das in Saudi-Arabien nicht geben. Es gibt kaum Orte, an denen eine Familie gemeinsam auftreten dürfte. Sogar Spielplätze und Parkanlagen sind räumlich aufgetrennt in Parzellen, wo Männer mit Kindern, und Abschnitte, wo Frauen mit Kindern sich bewegen dürfen.

Die Palästinenserin Miriam Awali hat peinigende Erinnerungen an dieses Apartheid-System:

«Vor einem Jahr ist mein Kind an Krebs gestorben. Die letzten sechs Monate wußten wir, daß es keine Hoffnung mehr gab. Wir wollten diese Zeit nutzen und jede kostbare Minute als Familie zusammen verbringen, um meinem kleinen Hamza noch soviel Wärme und Freude wie möglich zu geben. Aber es gab nirgends einen Ort, an dem wir ohne Belästigung zu dritt sein durften. Nicht auf dem Spielplatz, nicht im Park. Diese letzten Monate wurden uns dadurch noch unermeßlich schwerer gemacht. Wenn wir unser Kind zu den Behandlungen brachten, die so schmerzhaft waren und vor denen er sich fürchtete, durften wir nicht einmal gemeinsam im Warteraum des Krankenhauses sitzen.»

Den Palästinensern, deren Volk schon wesentlich aufgeklärter und gebildeter ist, fällt das Leben in Saudi-Arabien schwer. Aber wie sehen die saudiarabischen Frauen ihre Gesellschaft?

«Die Trennung von den Männern stört mich nicht», sagt Zeina Atollah. Wir sitzen in ihrem Büro im Sozialministerium. Frau Atollah hat eine wichtige Position und kommt aus einer einflußreichen Familie. Ihr Büro ist luxuriös eingerichtet mit einer eleganten Sofagarnitur und einem riesigen, massiven Schreibtisch. Vier weitere elegante Damen sind im Büro versammelt, um mich über die Lage der Frau in Saudi-Arabien aufzuklären: eine Professorin, eine Ärztin, eine Sozialarbeiterin und die Leiterin einer karitativen Organisation. In einem sind sie sich einig: daß die Trennung von den Männern auch Vorteile hat. Ihr Argument ist unwiderlegbar: Wo es getrennte Einrichtungen für Frauen gibt, zu denen Männer keinen Zutritt haben, dort gibt es auch Führungspositionen für Frauen und Jobs, die ihnen von Männern nicht streitig gemacht werden können. «In Saudi-Arabien sind Frauen immer unter sich», fügt eine der Professorinnen hinzu. «In Amerika habe ich im College erlebt, wie wichtig den jungen Mädchen die Meinung und die Anerkennung der männlichen Studenten war. Hier ist den jungen Frauen die Meinung der Männer gleichgültig, weil sie mit den Männern nie zusammenkommen. Sie warten nicht fieberhaft, ob ihr Freund sie anruft, denn sie haben keinen Freund.»

Das alles bedeutet, glauben diese Frauen, daß sie sich weniger am Mann orientieren und daß das Gemeinschaftsgefühl der Frauen stärker ist. «Wir sind untereinander nicht Rivalinnen», glauben sie, «wir konkurrieren nicht um die Männer, denn die Ehen werden von den Familien arrangiert, und nach der Ehe verliebt sich der Mann in keine andere, weil er keine andere kennenlernen kann.»

Es ist nicht das System der Geschlechtertrennung, das diese Frauen beanstanden. Es stört sie nicht, daß sie immer abgesondert werden. Was sie aber stört, ist, daß ihnen dabei nicht die «Hälfte des Himmels» zugewiesen wird, sondern die dunkle Hinterkammer. Und das nicht nur sprichwörtlich. «Die Mensa in unserem Krankenhaus besteht aus drei Teilen», erklärt die Ärztin. «Es gibt eine große Terrasse, die in einen prächtig angelegten Garten führt.

Es gibt einen großen, hellen Speisesaal mit einem bunten Teppich und modernem Mobiliar. Und dann gibt es, an der hintersten Wand, einen Paravent, der ein fensterloses Mauerstück vom Rest des Raumes abtrennt: Dort müssen die Frauen sitzen. Die Terrasse und der helle Speisesaal sind nur für die Männer.»

Im Straßenbild ist es noch deutlicher, daß Frauen nicht nur andere, sondern vor allem auch mindere Wesen sind. Die vorderen zwei Drittel der städtischen Autobusse zum Beispiel sind für Männer reserviert. Die hinteren Reihen sind mit Maschendraht umgeben: In diesem engen, rollenden Käfig werden die Frauen transportiert. Im amerikanischen Süden wurden die «hinteren Reihen der Busse», *the back of the bus*, zum Symbolbild für die Demütigung der Apartheid; sie waren den Schwarzen zugeteilt. Die Saudis haben nicht den geringsten Skrupel, ihren Frauen und Müttern im Jahre 1992 diese Plätze zuzuweisen. Im amerikanischen Süden war es eine Frau, eine schwarze Putzfrau namens Rosa Parks, die sich erstmals dagegen auflehnte. Eines Tages, müde von der Arbeit, bestieg sie den Bus und entdeckte, daß vorne alles leer, hinten aber alles besetzt war. Ohne politischen Hintergedanken, einfach durch ein spontanes Aufwallen ihres Gerechtigkeitssinns, setzte Rosa sich vorne hin und ließ sich durch keine Hinweise des Fahrers, keine Warnungen der Mitreisenden zum Aufstehen bewegen. Der «Zwischenfall» leitete eine Massenprotestbewegung ein, die schließlich zur Abschaffung dieser lächerlichen Auftrennung der Menschen, dieser kränkenden «Nach hinten»-Verbannung der Schwarzen führte.

In Saudi-Arabien ist die Apartheid allgegenwärtig. Museen und Ausstellungen sind an vier Wochentagen für Männer zugänglich, an zwei Tagen für Frauen. Am Ruhetag öffnen manche Ausstellungen ihre Pforten den ausländischen Botschaftsangehörigen, diesen seltsamen Männern, die ihre Freizeit gern mit ihren Ehefrauen verbringen. In der Universität, erzählt die Professorin, verhält es sich mit der Verteilung genauso ungleichgewichtig. Dadurch wird nicht nur die Lebensqualität, sondern auch die Chancengleichheit beeinträchtigt. Die Bibliothek ist den männlichen Studenten reserviert; die weiblichen Studenten dürfen sie lediglich von 7 bis 8 Uhr früh benutzen, wenn die Herren noch schlummern. Das prachtvolle neue Universitätsgelände, geschmückt mit einem fünf Meter hohen, nachgebildeten Koran aus Marmor, ist für die Männer; die Frauen dürfen in alte Baracken einziehen. Das luxuriöse neue Gelände mit der epochalen Architektur dürfen sie nicht einmal von außen besichtigen: Für Frauen kein Zutritt auf dem gesamten Areal.

Separate is not equal, erkannten schon im amerikanischen Süden die Gegner der Rassentrennung. Unweigerlich beinhaltet die Trennung auch eine Wertung: Immer gibt es eine Seite, die die andere Seite ausschließen will.

«Wir bekommen immer das Alte, das Finstere, wir bekommen immer das, was den Männern nicht gut genug ist», beschwert sich die Professorin. Und sieht auch hier noch eine Sonnenseite: Die Benachteiligung wirke motivierend, glaubt sie. Während die Saudi-Männer, vom vielen Reichtum verwöhnt und faul geworden, ihr Studium nur halbherzig betreiben, ist die Bibliothek auch zur unglückseligen Stunde von 7 Uhr früh gerammelt voll mit Studentinnen. «Letztes Semester kam die Weisung, daß wir zu Semesterschluß nicht mehr wie bisher die Abschlußnoten aushängen dürfen», erzählt die Professorin mit Genugtuung. «Aus diesen Aushängen nämlich war auf den ersten Blick ersichtlich, daß die Studentinnen die weitaus besseren Notendurchschnitte hatten. Die Universität wollte den männlichen Studenten diese Demütigung in Zukunft ersparen.»

«Wissen Sie», fährt sie philosophisch fort, «unser Land ist so wohlhabend, daß die Arbeitsmoral darunter sehr gelitten hat. Jeder will Chef sein, keiner will arbeiten. Es ist nicht gut für den Menschen, wenn er keine Widerstände zu überwinden hat. Unsere Frauen sind lebendiger und agiler als unsere Männer, weil ihr Leben schwerer ist, weil es Barrieren gibt, die sie überwinden müssen.» Die anderen Frauen nicken, spinnen den Gedanken weiter, steigern sich sogar in feministisch-futuristische Phantasien. Im Moment kompensieren die Saudi-Männer ihre Faulheit dadurch, daß sie für jede Arbeit irgendwelche Ausländer importieren. Die Pakistanis organisieren, die Palästinenser leisten die qualifizierten Arbeiten, die Afghanen heben die Brunnen aus, die Filipinos sind Chauffeure, Krankenpfleger und Gärtner, die Thais lächeln asiatisch am Hotelempfang, die Amerikaner pumpen das Öl ab und verteidigen das Land vor arabischen Möchtegerninvasoren. Gleichzeitig fürchtet diese xenophobe Gesellschaft sich vor den vielen Gastarbeitern. Irgendwann wird der Punkt erreicht sein, wo keine Immigranten mehr zugelassen werden. Und dann hat die Stunde der Saudi-Frauen geschlagen.

Das glaubt auch Professor Abdulhai. Auf fast alles war ich innerlich vorbereitet, nur nicht auf jemanden wie ihn, nur nicht darauf, daß ich in Riyadh auf einen feministischen Ökonomen treffen würde. Er unterrichtet an der Universität und ist daneben Zeitungskolumnist. Ich höre von ihm, weil er bei einem Empfang der amerikanischen Botschaft eine Szene macht. Ich sitze an diesem Abend in meinem Hotelzimmer, weil die amerikanische Botschaft in demütiger Anpassung an die örtlichen Gepflogenheiten nur die Männer eingeladen hatte. Am nächsten Tag höre ich von einer zufriedenen Botschaftssekretärin, daß ein angesehener saudiarabischer Professor den amerikanischen Diplomaten seine Mißbilligung über dieses Vorgehen mitgeteilt hat. Er verstehe nicht, habe er dort kundgetan, daß die Amerikaner nicht genug Mumm und Grips besäßen, um zu ihrer eigenen Kultur zu stehen. Es wisse doch jeder, daß in Amerika Männer und Frauen gemeinsam zu Parties und Empfängen gehen. Es sei ihm daher rätselhaft, warum heute abend keine Frauen anwesend wären, und er sei auch stellvertretend für seine eigene Frau erbost, daß sie nicht eingeladen sei. Und dann hatte er die anwesenden amerikanischen Männer eingeladen, gemeinsam mit ihren Ehefrauen am nächsten Tag bei ihm zu speisen, damit diese erkennen könnten, daß nicht alle Menschen in Saudi-Arabien hinter dem Apartheid-System stehen.

Abdulhai findet die Geschlechtertrennung nicht nur entwürdigend und dumm, sondern auch ökonomisch verhängnisvoll. Es ist ineffizient, alle sozialen Einrichtungen in doppelter Ausführung zu unterhalten. Es ist verschwenderisch, die vielen exzellent ausgebildeten und arbeitswilligen Frauen der oberen Mittelschicht untätig zu Hause herumsitzen zu lassen und statt dessen Ausländer zu importieren, und es ist destruktiv, das Ego der saudiarabischen Männer weiterhin durch diese grotesken Mißbildungen zu stärken. Daß das alles auch noch islamisch sein soll, regt ihn besonders auf. Zum Beispiel das Verbot des Autofahrens für Frauen. Wie kann das islamisch begründet sein? Zur Zeit des Propheten hat es keine Autos gegeben, also kann man dessen Meinung darüber nur per Analogie ermitteln. Das damalige Hauptverkehrsmittel war das Kamel, und damals waren die frommen islamischen Frauen ununterbrochen auf ihren Kamelen unterwegs, ohne daß irgendwer dies beanstandet hätte. Ebenso absurd findet er die Bestimmung, daß Frauen sich aus der Öffentlichkeit fernhalten sollen, weil die Männer ihre begierigen Gedanken nicht kontrollieren können. Wenn sie das nicht können, dann sollten doch wohl besser die Männer die Öffentlichkeit meiden.

Ist er ein exotischer Außenseiter, oder gibt es eine wachsende Gruppe von liberal denkenden Saudis, die Logik und Humor gegen Tradition und Starrsinn aufbringen? Schwer zu sagen in einem Land, das keinerlei Dissens, keine Diskussionen und schon gar keine demokratische Willensbildung zuläßt.

Die amerikanischen Soldatinnen jedenfalls kamen recht beschwingt aus ihrem Wüsteneinsatz zurück. «Wenn wir mit den Lastwagen und Jeeps fuhren und die Menschen am Straßenrand erkannten, daß hier eine Frau am Steuer saß, schauten die Männer finster drein, und manche fuchtelten drohend mit den Armen. Aber die Frauen winkten und freuten sich.»

Drei Frauen

Leben zwischen den Fronten

Der Westen – viele Frauen aus der Dritten Welt haben dazu ein gespaltenes Verhältnis. Einerseits symbolisiert er die Freiheit. Andererseits ist diese Freiheit gefährlich. Für Frauen führt Freiheit – das haben sie ein Leben lang gelernt – auf direktem Wege ins Verderben.

Beim Kulturkonflikt stehen viele Frauen zwischen den Fronten. Ihre eigene Kultur beansprucht ihre Loyalität, aber gleichzeitig sind sie zu intelligent und aufgeklärt, um ins orientalische Patriarchat zu passen. Der Westen verspricht Selbstbestimmung, aber die Verantwortung, die damit einhergeht, erscheint fast untragbar.

Ein Konflikt zwischen Lebensformen, zwischen Kulturen und Moralsystemen ist nie abstrakt; es sind ganz konkrete Menschen, die diesen Konflikt ausfechten müssen, oft unter Einsatz der eigenen Chancen auf Leben und Glück.

Wieviel Freiheit darf eine Frau haben? Darauf wissen verschiedene Kulturen eine sehr unterschiedliche Antwort. Keine Frage, daß die westliche Kultur den Frauen die größte Freiheit läßt; diskutieren können wir höchstens darüber, welche Konsequenzen und Kosten diese Freiheit hat und in welchen (zahlreichen) Aspekten sie noch unvollständig ist.

Das Vorbild der westlichen Frau bewirkt sehr viel im Denken von Frauen aus anderen Kulturkreisen. Es kann Zorn und Neid wecken, oder aber – vor allem bei jungen Frauen – eine Sehnsucht nach den Dingen, für die der Westen steht, auch wenn er sie selbst nicht vollständig erreicht hat: Bewegungs- und Ausdrucksfreiheit. Eine normale, einigermaßen entspannte Interaktion zwischen Männern und Frauen. Die Chance zu persönlicher Entfaltung.

Durch Emigrationen, Reisen und die modernen Medien wird die Kritikbereitschaft und -fähigkeit der Frauen, die aus traditionellen Kulturen stammen, immer größer. Ihre Situation ist meist sehr schwierig. Sie wollen der Tradition entkommen, wissen aber nicht, wie; sie wollen westliche Werte übernehmen, aber nicht vollständig; sie möchten sich behaupten, haben aber Angst. Die traditionelle Ordnung droht ihnen mit Repressalien, mit Entfremdung, mit Liebesverlust.

Drei solche Frauen wollen wir hier stellvertretend vorstellen. Jede von ihnen fühlt sich hingezogen zu den Möglichkeiten und den Werten, die der Westen symbolisiert; jede von ihnen ist konfrontiert mit starken inneren und äußeren Barrieren. Aus der großen Zahl unserer Gesprächspartnerinnen haben wir bewußt diese drei gewählt, gerade weil ihre Situation vergleichsweise günstig, ihre Probleme vergleichsweise gering sind. Sie sind keine Rebellinnen; sie lieben ihre Familien und ihre Heimat, können aber die Einschränkungen nicht ertragen, die ihnen dort auferlegt werden.

Mimi hat eine europäische Mutter. Aisha hat einen europäischen Ehemann. Kyra studiert in Europa und möchte hier unbedingt bleiben.

Mimi

Kuwait City ist eine umwerfend häßliche Stadt. Auch sechs Monate vor dem Golfkrieg wirkt sie leicht verwüstet, nicht vom Feind, sondern als Folge einer offensichtlich verheerenden Baupolitik. Fast alle traditionellen Bauten der Stadt sind gnadenlos niedergewalzt worden, um häßlichen Häusern zu weichen: nicht hoch genug, um sich als Hochhäuser zu qualifizieren, nicht auffallend genug, um modern zu wirken. Man fährt vorbei an Baustellen, an formlosen Betonklötzen, und fragt sich, was hier geschehen ist. Betrügerische Bauherren? Eine kriterienlose Aufbaupolitik wie im Deutschland der fünfziger Jahre, funktionell und ohne jede Ästhetik?

Dann treffen wir Mimi. Sie ist Leiterin der Abteilung «Moderne Kunst» im Nationalen Museum, und ihr verdanken wir einen Abend am vielleicht einzigen schönen Ort in dieser häßlichen Stadt.

Wir verlassen die reizlose, staubige Straße und befinden uns plötzlich in einer großen Anlage mit wunderschönen Innenhöfen, mit Arkadengängen und Mosaiken. Unter einem großen, schattigen Laubbaum im größten der Innenhöfe steht eine hellblaue Holzbank, und darauf sitzt Mimi und wartet auf uns. Es ist ein verzaubertes Bild: der Garten, der Baum, die erste Kühle des Abends, und mitten darin ein versonnenes Mädchen, das mit seinen langen schwarzen Haaren spielt und traurig-verträumt in die Ferne blickt. Als sie uns sieht, steht sie auf, und wir gehen in das Museum, in ihr Büro, einen modernen, sachlichen Raum, in dem Schautafeln die geplanten Ausstellungen des nächsten Jahres darstellen. Und aus dem verträumten Mädchen wird die kompetente Berufstätige, die mit der resoluten Stimme einer amerikanischen

Karrierefrau ihren Werdegang, ihre Pläne, den Aufbau des Museums und sonstige Sachfragen erläutert.

Das alles ist sehr interessant, aber nicht eigentlich unser Thema; unser Thema ist das Leben von Frauen in Kuwait, insbesondere das Leben von Frauen, die im biographischen Zwiespalt zwischen den Kulturen leben, weil ihre Mütter Europäerinnen und ihre Väter Araber sind. Mimi wollte darüber nicht wirklich mit uns sprechen; eine Freundin hat sie dazu überredet und uns genug Vorinformationen gegeben, daß wir durch gezielte Fragen allmählich die kühle Reserve durchbrechen. Über ihre Mutter sollen wir sie fragen, vor allem aber über ihre Schwester. Mehr verrät uns die Freundin nicht. Wir sollen diese Themen anschneiden; dann wird sich ja zeigen, ob Mimi bereit ist, uns darüber zu erzählen oder nicht.

Wir befolgen diesen Rat, und schlagartig verändert sich das Gespräch, verändert sich auch Mimi. Sie wird leiser, jünger, sie zögert oft und sucht nach der besten, der gerechten Formulierung. Mimi ist eine sehr zarte, schlanke, dunkle junge Frau. Sie ist elegant angezogen, sie spricht leise, sie wirkt sehr «zentriert», kompetent und ruhig. Sie strahlt Kultur aus. Auf den zweiten Blick strahlt sie auch eine große Traurigkeit aus. Unter der ruhigen Oberfläche und den gewählten Worten dürfte es turbulent zugehen, denn es vermitteln sich eine Unruhe und eine Tristesse, die noch lange in uns fortwirken. Von ihrem Aussehen her überwiegt das Europäische, aber ihre Werte sind zweifellos ambivalent. Leise, fast unbeteiligt erzählt sie vom Unglück ihrer beiden nächststehenden weiblichen Verwandten, Mutter und Schwester. Die Mischung aus Resignation und List, mit der sie selbst ihr Frauenleben in dieser Kultur zu bewältigen gedenkt, macht ihre Stimmung so gedämpft wie das Verhalten, das sie sich aus taktischen Gründen auferlegt hat.

«Meine Eltern haben sich in Europa kennengelernt, meine Mutter ist Engländerin. Sie hat in einem Hotel gearbeitet, an der Rezeption; mein Vater hat bei seinen Geschäftsreisen immer dort gewohnt, und so haben sie sich kennengelernt. Sie haben in England geheiratet. Dann kam meine Mutter hierher, und bei ihrer Ankunft erfuhr sie, daß mein Vater hier bereits eine Frau und sechs Kinder hatte. Ich weiß nicht, was damals in ihr vorging. Ich weiß nur, daß sie dablieb, daß sie nicht heimfuhr. Sie blieb. Ich weiß, daß mein Vater sich fadenscheinig rechtfertigte: Er hätte einen gemeinsamen Freund gebeten, es ihr vor der Hochzeit zu sagen, behauptete er, und sei dann davon ausgegangen, daß sie es wüßte und es akzeptiert hätte. Seine erste Ehe war einst arrangiert worden, und diese Familie konnte er nicht im Stich lassen; trotzdem wollte er nicht auf seine zweite, seine Liebesheirat verzichten. Er stellte das Ganze als Mißverständnis dar, er tat schrecklich reuig und ersuchte sie, es doch wenigstens zu probieren. Und meine Mutter – ihre Ehe hat in ihrer Familie und auch bei ihren Freunden große Ablehnung erfahren. Vielleicht wollte sie gerade deshalb nicht wieder heimgekrochen kommen, mit dieser schrecklichen, so stereotypen Geschichte. Vielleicht hätte sie dies als Eingeständnis gesehen, daß alle recht hatten und sie einen fürchterlichen Fehler gemacht hatte. Ob aus Liebe oder aus Stolz, sie blieb.

Die Situation war sehr schwierig. Mein Vater hat von Anfang an zwei getrennte Haushalte geführt und seine Zeit zwischen diesen beiden Haushalten aufgeteilt. Er kam zum Mittagessen, verbrachte die Nacht bei uns, frühstückte mit uns am nächsten Morgen und ging dann mittags zur anderen Familie, wo er die folgende Nacht blieb. Als wir dann etwas älter waren, gefiel uns Kindern dieses Muster recht gut, denn immerhin waren wir dann jeden zweiten Tag frei – wenn er nicht da war, mußten wir auch nicht seine Erlaubnis einholen, wenn wir weggehen wollten oder etwas vorhatten. Aber für meine Mutter war es sehr schlimm. Sie wurde auch nie von der anderen Familie akzeptiert. Zwischen den beiden Haushalten meines Vaters gab es keinerlei Kontakt. Nur bei Familienbegräbnissen oder anderen großen Familienereignissen sahen sich die beiden Frauen, denn dort mußten sie beide hin.

Anfangs gingen meine Geschwister und ich in die arabische

Schule. Aber das funktionierte nicht, denn für Schulangelegenheiten war ausschließlich unsere Mutter zuständig, und sie konnte nicht Arabisch. Sie konnte uns mit den Hausaufgaben nicht helfen, sie konnte nicht einmal die Mitteilungen der Lehrerin lesen. Ihre Weigerung, Arabisch zu lernen, war bestimmt eine Art von Protest ihrerseits. Und unsere Bereitschaft, dem Arabischen ebenfalls den Rücken zuzukehren, protestlos in die englische Schule überzuwechseln und unser Arabisch wieder zu vergessen, war wohl so etwas wie Solidarität mit ihr. Für mich hat das bedeutet, daß ich später, als Erwachsene, Arabisch lernen mußte, weil ich diesen Job im Museum so gerne haben wollte und weil die Sprache natürlich eine Bedingung dafür ist.

Von uns drei Kindern ist mein Bruder am ‹arabischsten›. Das kommt teilweise daher, daß er als Kind hinausgehen und spielen durfte. Dadurch hatte er kuwaitische Freunde, mit denen er arabisch sprach. Wir Mädchen durften nicht hinaus und hatten ausschließlich Freundinnen aus der englischen Schule. Außerdem ist mein Bruder derjenige von uns dreien, der sich in dieser Gesellschaft am wohlsten fühlt. Die arabische Kultur hat auch zu einem Bruch in unserer Geschwisterbeziehung geführt, denn für uns Mädchen war es sehr demütigend und ärgerlich, vom kleinen Bruder kontrolliert und kommandiert zu werden, wie es hier üblich ist. Er hat sich in dieser Rolle gefallen, aber wir haben uns entfremdet dadurch.

Meine Schwester hat unsere Situation zwischen zwei Kulturen am härtesten getroffen. Das liegt an ihrer Persönlichkeit, an ihrem Wesen, an der Art, in der sie mit Problemen umgeht. Meine Schwester ist sehr direkt, sie kämpft um ihre Rechte. Ich versuche eher, indirekt zum Ziel zu kommen, mich unauffällig durchzusetzen. Aber in unserer Haltung zu dieser Gesellschaft sind wir uns ähnlich. Wir haben unsere eigenen Werte und Ideen, und das Komische ist, daß mein Vater sie früher auch hatte. Früher sagte er oft zu uns, daß wir tun sollten, was wir selbst für richtig hielten, daß er nur von uns erwarte, daß wir unseren Verstand bemühten und unseren eigenen Werten entsprechend handelten. Ich kann mich sehr genau an solche Gespräche erinnern. Damals muß er ein anderer Mensch gewesen sein. Je älter er wird, desto traditioneller gebiert er sich. Er wird immer religiöser, immer starrer in seinen Meinungen.

Meine Schwester ist eine Kämpferin, sie widersetzt sich und wehrt sich ganz offen. Ich ziehe andere Methoden vor, und daher fällt es mir auch leichter, von meinem Vater das zu bekommen, was ich haben will. Ich schmeichle ihm, ich widerspreche ihm nicht, ich bin nett, und daher ist er mit mir auch viel nachsichtiger.

Meine Schwester hatte einen Mann kennengelernt, einen Amerikaner, einen Diplomaten an der amerikanischen Botschaft hier. Sie hat sich in ihn verliebt und wollte ihn heiraten, aber mein Vater hat es erfahren und war strikt dagegen. Dieser Mann war sogar bereit, für meine Schwester zum Islam überzutreten, aber dennoch hat mein Vater nicht eingewilligt. Das war eine schreckliche Zeit. Ich habe meinen Vater von einer ganz anderen Seite gesehen. Ich habe gesehen, daß er sehr viel Macht hat und daß wir fast keine Rechte haben. Das waren sehr bittere Einsichten. Meine Schwester wollte dann mit diesem Mann flüchten und ihn in einem anderen Land heiraten, aber mein Vater hat ihren Reisepaß weggenommen und sie eingesperrt.

Ohne Erlaubnis meines Vaters konnte sie nicht weg. Obwohl es mich persönlich nicht betraf, war es für mich eine ebenso schreckliche Zeit. Ich mußte auch erkennen, daß ich keinen Weg sah, meiner Schwester zu helfen. Heute frage ich mich, ob ich mich nicht mehr hätte für sie einsetzen müssen. Aber ich dachte nicht, daß ich ihr damit helfen würde. Mein Vater wäre bloß noch zorniger geworden.

Ich habe damals viel über meinen Vater nachgedacht. Er hat meiner Schwester verwehrt, was er sich selbst ganz selbstverständlich erlaubt hatte: aus Liebe zu heiraten, einen Ausländer zu heiraten. Er hat uns erzogen mit Parolen über Freiheit und Selbstbestimmung, um dann einfach irgendwann seine Meinung zu ändern und zur Tradition zurückzukehren.

Mein Ziel ist es, mich beruflich noch weiter zu qualifizieren. Ich habe auch einen Freund, er ist Palästinenser. Mein Vater darf es nicht erfahren. Manchmal ärgere ich mich über meinen Freund, weil er sich nicht so sorgfältig um die Geheimhaltung unserer Beziehung bemüht, wie ich das möchte. Neulich zum Beispiel hat er mich als seine Verlobte vorgestellt. Wenn mein Vater das erfährt, gibt es eine Katastrophe. Vielleicht will er mich damit zwingen, eine Entscheidung zu treffen; noch habe ich nicht zugesagt, daß ich ihn heiraten will. Falls das seine Absicht ist, irrt er sich in mir gewaltig. *Wenn* ich mich entscheiden sollte, ihn zu heiraten, werde ich es auf keine Konfrontation mit meinem Vater ankommen lassen. Ich werde es sehr gut vorbereiten, ich werde unter einem beruflichen Vorwand oder aus Studiengründen ganz friedlich und klammheimlich ins Ausland fahren und dort heiraten und meinen Vater dann mit vollendeten Tatsachen konfrontieren. Ich sehe mich als sehr nüchterne Person, die sehr besonnen und vielleicht sogar berechnend ist. Ich streite nicht und kämpfe nicht, sondern suche einen anderen Weg, um meine Wünsche durchzusetzen.

Mein Beruf ist ein gutes Beispiel. Ich liebe meinen Beruf, aber ich habe ihn sehr kühl und berechnend ausgewählt. Im Bereich der Kunst hat man hier keine männlichen Rivalen, weil die arabischen Männer Kunst für völlig nebensächlich halten. Aber das ist sie nicht, sie ist sogar sehr wichtig. Auch ansonsten ist dieser Beruf sehr begehrenswert, aber die Männer wissen das nicht. Die Bezahlung ist gut, und die Möglichkeiten sind fast unbegrenzt. Ich kann reisen, man bezahlt meine fachliche Weiterbildung, ich habe exzellente Aufstiegschancen. Ich habe auch weitaus bessere berufliche Möglichkeiten, als ich sie in Europa hätte, wo die Konkurrenz viel größer ist. Hier sind Museen erst im Aufbau, und es gibt kaum qualifizierte Leute.

Ich kann nicht genau sagen, wann ich erkannte, wie eigenartig und wie schwierig unsere Familiensituation war. Als sehr kleines Kind nimmt man alles hin, findet man alles normal, weil man keine Vergleiche hat. Unsere Situation war ja auch sehr strukturiert: Jede zweite Nacht war mein Vater da. Wir Kinder sind auch bei seiner anderen Familie eingeladen gewesen; wir besuchten sie. Schon als sehr kleines Kind fühlte ich mich im Haus dieser anderen Frau sehr eigenartig, das weiß ich noch, obwohl ich nicht wußte, woher dieses Gefühl kam. Später dann weigerte ich mich, hinzugehen.

Ich kann nicht sagen, wie meine Mutter sich bei alldem fühlte. Sie hat nie wirklich mit uns darüber gesprochen. Sie ist zum Islam übergetreten, aber sie hat nie versucht, Arabisch zu lernen. Ich weiß nicht, welche Möglichkeiten sie für sich sah, welchen Plan sie verfolgte. Ich denke, daß sie von Anfang an sehr ambivalent war. Heute ist die Ehe meiner Eltern sehr schlecht. Meine Mutter denkt daran, wieder in ihre Heimat zurückzukehren, aber nach so langer Zeit hat sie auch Angst davor. Wie soll sie sich dort wieder zurechtfinden? Kann sie sich wieder einleben?

Auch ich empfinde eine starke Ambivalenz. Als ich das erste Mal nach Europa ging, um zu studieren, machte ich mir Sorgen: Würde ich dort meine arabische Seite verlieren? Aber: Was war überhaupt meine arabische Seite? Es schien mir, daß ich gar keine solche Seite hatte, außer vielleicht in der Frage der sexuellen Moral. Und ich bin nicht wirklich davon überzeugt, daß Promiskuität unbedingt eine westliche Eigenschaft ist.

Nach dem Studium kehrte ich nach Kuwait zurück, und anfangs beschloß ich, Anschluß zu finden an meine kuwaitische Familie. Aber das ging nicht, schon angesichts der ganzen Vergangenheit. Heute suchen sie den Kontakt zu mir, sie wollen mich unbedingt in die Familie integrieren, aber heute habe ich kein Interesse mehr daran. Sie wollen uns, weil wir als Ehepartnerinnen heute wertvoll sind, aber das hätten sie sich schon viel früher überlegen müssen, statt unsere Mutter und uns auszugrenzen und abzulehnen.

Auch mein Vater ist, glaube ich, sehr ambivalent. In gewisser Hinsicht ist er orientierungslos. Er ist der älteste Mann in der Familie und damit das Oberhaupt. Keiner kann ihm vorschreiben, was er tun soll, und keiner kann ihn kritisieren. Das bedeutet aber auch, daß keiner sein Verhalten kontrolliert oder ihm eine Richtung vorgibt. Ich denke, daß er oft sehr unentschlossen ist. Zum Beispiel erhält er in letzter Zeit oft telefonische Anfragen uns betreffend. Wichtige Leute rufen an und sagen: ‹Du hast zwei Töchter, gibst du sie uns für unsere Söhne?› Dann reagiert er stets sehr aufbrausend. Wofür sie ihn denn halten würden, ob sie annähmen, daß ein moderner Mann wie er noch an arrangierte Ehen glaube? Jedenfalls ist er immer sehr entrüstet, wenn er eine solche Anfrage erhält. Dann wieder kommt er, vielleicht sogar schon am nächsten Tag, und sagt: ‹Mimi, dein Cousin Ahmad ist ein netter Junge, warum heiratest du ihn nicht?› Das wäre doch ebenfalls eine arrangierte Ehe, aber das scheint er nicht zu sehen.

Als Frau führst du in dieser Gesellschaft ein Geheimleben. Es ist fast wie ein Leben im Untergrund. Deine Gedanken, dein wirkliches Wesen mußt du sorgfältig verbergen. Deine Gefühle mußt du beherrschen, denn nur über deinen Verstand kannst du, auf Umwegen und mit Tücke, erreichen, was du möchtest. Deshalb handle ich erst, wenn ich mir sehr, sehr sicher bin, daß ich etwas auch wirklich haben möchte. So auch mit meinem Freund. Nur wenn ich ganz, ganz sicher bin, daß ich ihn auch wirklich heiraten will, darf ich meiner Mutter noch einmal ein solches Familiendrama zumuten.»

Mimi ist eine intelligente, begabte junge Frau. Sie hat zu Recht erkannt, daß diese Intelligenz ihre stärkste Ressource ist, und sich in ihrer Persönlichkeitsentwicklung vor allem an ihrem Verstand orientiert. Statt sich aufzulehnen, sich zu empören und ihren Gefühlen freien Lauf zu lassen, nimmt sie zur Kenntnis, wie die Dinge stehen. Teilweise beruht das auf einer sachlichen Analyse der Machtverhältnisse, wie sie ihr im Drama um die Schwester nochmals drastisch nähergebracht wurden. Teilweise zieht sie ein Fazit aus dem Leben ihrer Mutter. Die folgte ihren Gefühlen und mußte es ein Leben lang bereuen. Gefühle sind zu meiden, denn sie bringen nur Schmerz, Kränkung und Zorn. Auch ein Insistieren auf Gerechtigkeit oder auf Rechte, die man zu haben glaubt, ist sinnlos; letztlich entscheidet die Macht, die willkürlich ist und in den Händen von Männern liegt. Einem Kampf geht man besser aus dem Weg, indem man sich einen Wirkungsbereich sucht, der Männern gleichgültig ist – das Museum, indem man sie durch Freundlichkeit und Schmeicheln umgarnt oder indem man sie überlistet. Diese Einsichten hat Mimi nicht leichten Herzens gewonnen. Es ist auch kein Zufall, daß sie das Leben einer Frau in ihrer Kultur mit einem Leben im Untergrund vergleicht. Die Schizophrenie, die sie anspricht, betrifft nicht nur ihre biographische Spaltung in «westliche» und «arabische» Anteile. Im Gegenteil, sie kann – obwohl sie sich in manchen Phasen ihres Aufwachsens sehr darum bemüht hat – diese Anteile gar nicht ausmachen. Die Schizophrenie betrifft vielmehr ihre politische Situation als Frau in einer Kultur, die Frauen keine Rechte und keinen Willen zugesteht. Kennzeichnend hierfür ist die Spaltung zwischen ihren wirklichen Wünschen und Gedanken, die sie verbergen muß, und dem stillen und gefügigen Wesen, das sie zum eigenen Schutz nach außen hin demonstriert.

Kyra

Kyra ist 18 Jahre alt und in einer relativ untypischen kuwaitischen Familie aufgewachsen. Ihre Eltern haben beide studiert, kennen Europa und die USA und haben sich immer bemüht, Kyra vor den drastischen Einschränkungen, die für die meisten kuwaitischen Mädchen selbstverständlich sind, zu bewahren. Seit vier Monaten lebt Kyra mit der Familie einer Kusine ihrer Mutter in Paris, wo sie studieren wird.

Kyra macht einen ruhigen, fast schüchternen Eindruck. Um so überraschender ist daher im Gespräch die Dezidiertheit ihrer Meinungen. Sie denkt meist lange nach, bevor sie antwortet, und beginnt oft mit einer philosophischen Einleitung. «Am Ende unserer Tage werden wir sehen, was gut und was schlecht war», oder: «Allah ist auch unser Gott, warum sollte er also zu uns Frauen weniger gütig sein?» Ihre Sätze sind sehr lang, sie plätschern ebenmäßig dahin, doch hinter der sanften, nachdenklichen Art verbirgt sich eine immense persönliche Aufwühlung.

«Ich war als Kind schon öfter in Frankreich und in England – mit meinen Eltern. Wir haben einen Sommer lang die Loire-Schlösser angeschaut oder haben bei Freunden meiner Eltern den Sommer in Paris verbracht. Jetzt ist es ganz anders, ich bin allein hier, ganz auf mich gestellt, das ist für ein Mädchen aus meinem Kulturkreis eigentlich unfaßbar. Meine Familie ist bestimmt relativ modern, aber trotzdem fühle ich mich jetzt ganz verwirrt und unschlüssig hier. Wie phantastisch selbstsicher sind doch die französischen Mädchen in meinem Alter. Ihr Leben scheint so klar zu verlaufen. Ich habe immer gedacht, daß ich mich nicht unterscheide von einer Amerikanerin oder Europäerin, ich war schließlich aufgeklärt, informiert, sollte selbstverständlich studieren, und niemand dachte daran, mich in einem Harem verschwinden zu lassen. Jetzt erst sehe ich, was sie mir angetan haben in meiner Erziehung, wie unselbständig und ängstlich ich in Wahrheit bin.

Nicht meine Eltern, nein, die Umgebung, die mißliebigen Anverwandten, die Millionen Regeln und Verordnungen, die haben mir das angetan. Das alles hat mir immer das Gefühl vermittelt, daß die Art, wie ich lebe, eigentlich unbotmäßig ist, obwohl ich nichts gemacht habe, nie etwas gemacht habe, was schlecht oder auch nur besonders auffällig gewesen wäre. Aber die Grenzen sind sehr eng gesteckt für Mädchen.

Mein einziger Schutz, meine Verbindung zu einer anderen, humaneren Welt, war immer mein Vater. Ich liebe ihn über alles, ich habe während meiner Kindheit jeden Tag gebetet, daß ihm nichts passieren möge, solange ich noch in Kuwait zur Schule gehe. Das wäre das Aus für mein Leben gewesen, meine Mutter hätte nichts zu bestimmen gehabt ohne ihn, die Familie meines Vaters hätte mich dann übernommen und bevormundet. Deren Töchter wurden alle mit vielversprechenden Abkömmlingen angesehener Familien verheiratet, eine hat sogar einen Mullah nehmen müssen; die Tante meinte, es sei gut, in diesen fanatischen Zeiten in den eigenen Reihen einen Religionsmann vorweisen zu können. Meine arme Kusine ist sehr unglücklich. Er verlangt von ihr, daß sie sogar im Haus den Kopf bedeckt – was in unserem Land ganz unüblich ist –, weil unangemeldet entfernte männliche Verwandte plötzlich das Wohnzimmer betreten könnten.

Ich habe nie unter vergleichbarem Druck gestanden, aber ich habe stets versucht, alles richtig zu machen, alles richtig zu bedekken, um meine Familie nicht zu enttäuschen oder in Schwierigkeiten zu bringen. Immer wenn mein Vater verreist war, was sehr oft vorkam, betete ich, daß er wohlbehalten wiederkommt. Nachts habe ich mir die entsetzlichen Dinge vorgestellt, die ihm zustoßen könnten: daß er verunglückt, daß er eine schwere Krankheit bekommt usw. Ich konnte mich von diesen Phantasien kaum befreien, das war ein Alpdruck auf meinem Leben.

Als ich 16 war, wußte ich, daß ich mich in Sicherheit bringen mußte, daß mein Vater irgendwann nicht mehr dasein würde, um mich zu schützen. Ich war eine sehr gute Schülerin, obwohl ich in meiner Schule nicht sehr glücklich war. Den Mädchen wurde es dort nicht leichtgemacht, beziehungsweise es war eigentlich umgekehrt, sie haben es uns zu leicht gemacht. Sie haben uns zu verstehen gegeben, daß es ihnen ganz egal ist, ob wir lernen oder nicht, daß wir dort eigentlich bloß unter Aufsicht sitzen und ein paar Grundkenntnisse erwerben sollen, um später als Ehefrauen manierlich und nicht ganz blöd zu sein. Das war entmutigend, man war in Gefahr, sich von dieser Gleichgültigkeit mitreißen zu lassen. Aber ich wollte gut sein, um an einer ausländischen Universität akzeptiert zu werden. Das war der einzige Ausweg aus meinem vorbestimmten Los, und das habe ich mir immer vor Augen gehalten.

Meine Mutter war über meine Studienpläne nicht erfreut. Wir sind sehr eng miteinander, sie wollte mich nicht aus ihrem Leben verlieren. Sie fürchtete, dann sehr einsam zu sein. Ich bin ihre einzige Tochter, und sie sagt immer, daß sie zu meinen Brüdern nicht dasselbe Verhältnis hat wie zu mir.

Meine Brüder führen außerdem schon ihre eigenen Haushalte. Ich kann gar nicht verstehen, warum sie so konservativ leben. Sie kommen nicht nach meinem Vater, sondern sind ganz anders. Ali verbietet seiner Frau, die nur zwei Jahre älter ist als ich, ohne Begleitung eines der zahlreichen Familienmitglieder in den Sprachkurs zu gehen. Danach muß sie wieder abgeholt werden, nie soll sie unbeaufsichtigt sein. Mein Vater meint, Ali versuche sich nur äußerlich dem Druck der Gesellschaft anzupassen. Ich glaube das nicht; er ist einfach genauso wie die meisten Männer der jungen Generation bei uns, feige und unsicher.

Sie fragen sich, warum meine Schwägerin sich das bieten läßt, sie ist ja auch in eine Schule gegangen, sie ist sogar ein sehr gebildetes Mädchen, und sie hat Freundinnen, die das zum Teil nicht mehr selbstverständlich finden und sie überhaupt nicht verstehen. Mir ist das schon klar, warum das so abläuft. Wenn sie sich gegen meinen Bruder wehrt, dann hat sie ab diesem Zeitpunkt eine Kampfsituation, dann wird ihr Leben zu Hause zur Hölle. So arrangiert sie sich, sie lebt im Grunde ja ohnehin ihr eigenes Leben: Sie akzeptiert seine Vorschriften, sie boykottiert manches davon, was nicht auffällt, was nicht ganz offensichtlich wird, und versucht parallel dazu, ihr eigenes Leben zu leben.

Wir haben ja auch nicht so sehr diese Phantasie von der Liebesehe. Die Ehe ist bei uns etwas sehr Pragmatisches, und irgendwie glaube ich, daß das gar nicht schlecht sein muß, wenn sich die Leute dann auch ganz vernünftig verhalten. Wenn man schon sagt, man geht jetzt eine vernünftige Ehe ein, dann müßte man aber von allen Beteiligten, also auch von den beteiligten Männern, erwarten, daß sie sich dann wirklich vernünftig verhalten und sich nicht so gebärden wie mein Bruder Ali.

Ich habe einmal versucht, darüber mit ihm zu sprechen, aber das hat ganz fürchterlich geendet. Er hat einen Tobsuchtsanfall bekommen und gesagt, er würde mit meinem Vater reden, weil ich ihnen allen über den Kopf wachse, ich sei eine Gefahr für die Familie. Wenn er sagt, ich bin eine Gefahr für die Familie, dann meint er das Ansehen, die Ehre. Die Ehre ist ein Wort, das ich überhaupt nicht mehr hören kann. Ich verkrafte es nicht mehr, ständig mit dieser Ehre bedroht zu werden, nicht von meinen Eltern, nein, von meinem Bruder, von meinen Tanten, von meinen Onkeln. Sie alle waren sehr stark damit beschäftigt, mich zu begutachten, ob meine Ehre noch intakt ist und ob ich nicht bereits der Familie durch bestimmtes Fehlverhalten irgend etwas angetan hätte.

Als ich dann versuchte, mich für meine Schwägerin einzusetzen, kamen natürlich umgehend Drohungen. Das ist sehr entmutigend für alle beteiligten Frauen, die solche Ereignisse in ihren Familien beobachten. Die Frauen haben, glaube ich, schon einen großen Zusammenhalt, aber irgendwie können sie dennoch nichts tun. Sie sind ja machtlos, sie können einander im Grunde genommen überhaupt nicht helfen, die Hilfe besteht darin, daß man miteinander Tee trinkt und Kekse ißt und sich gegenseitig bestätigt oder beruhigt, und wenn man dann nach Hause kommt, geht es weiter wie bisher, und jede ist in Wirklichkeit doch ganz auf sich allein gestellt und muß ihren Krieg daheim selber bestreiten.

Die Verwandten haben in so schrecklicher Weise Stimmung gegen mich gemacht, daß ich schon Zweifel hatte, ob es mir noch glücken würde, im Ausland studieren zu dürfen. Nicht daß mein Vater unsicher geworden wäre, aber er war so unter Beschuß, und dann ist die Überlegung entstanden, ich solle doch erst einmal ein Jahr an der Hochschule bei uns studieren, dann wäre ich schon älter und hätte schon einen Vorsprung und könnte mich vielleicht im Ausland besser einleben. Was sie damit gemeint haben, war ja nur, daß es besser wäre, mich Jahr für Jahr dazubehalten, weil man dann doch versuchen könnte, den geeigneten Mann für mich aufzutreiben. Ich habe gewußt, wenn sie mich dieses eine Jahr festhalten können nach der Schule, dann werde ich die Abreise nie schaffen. Ich habe meine Mutter inständig angefleht, das Ganze nicht bei meinem Vater zu hintertreiben und mich doch auch zu unterstützen. Ich habe gewußt, mit dem Herzen ist sie auf meiner Seite, aber im Grunde wollte sie nicht alleine zurückbleiben. Sie ist ja auch fast nur von Männern umgeben in der Familie, und in Wirklichkeit fehlt sie mir heute auch ganz furchtbar. Das ist ganz schrecklich, ohne meine Mutter zu leben, ich bin es so gewohnt, immer von Frauen umgeben zu sein, von meiner Mutter, von meinen Tanten; obwohl ich ein schlechtes Verhältnis zu denen hatte, fehlen sie mir irgendwie trotzdem. Aber vor allem fehlt mir meine Mutter.

Meine Eltern sind mit mir nach Paris gefahren und einige Wochen bei mir geblieben, um mir das Eingewöhnen etwas zu erleichtern. Ich glaube, daß das wirklich gut war. Wenn man sich das genau überlegt, in meinem Alter werde ich ja wirklich noch sehr umsorgt und umhegt, aber mir ist das ganz recht so. Ich bin ihnen für diesen Anfang hier wirklich sehr dankbar, weil ich mich selbst nach einigen Monaten hier noch ziemlich verlassen und verunsichert fühle. Ich fühle mich wie auf einem anderen Planeten, es ist eine andere Welt als die, die ich kenne.

Im Flugzeug hat mein Vater mit mir noch sehr ernst geredet. Er hat gesagt, ich solle nicht versuchen, eine Europäerin zu werden, ich müsse immer daran denken, wo ich herkomme und wo meine Heimat liegt. Er hat gemeint, ich dürfe auf keinen Fall meine Identität verleugnen oder mich nach etwas anderem sehnen, weil ich sonst ein Leben lang unglücklich wäre. Er hat mich auch davor gewarnt, mich mit einem Europäer einzulassen, mit einem Franzosen, weil das nicht gutgehen könne, die Kluft sei zu groß. Ich habe nicht widersprochen, weil ich befürchtete, daß er mich dann mißversteht und meint, ich würde jetzt irgendwelche Abenteuer in Frankreich suchen. Aber ich war nicht ganz genau seiner Meinung. Natürlich ist er besorgt um mich, aber warum soll es schlecht sein, einen Europäer zu heiraten? Ich glaube, das kann für ein Mädchen wie mich nur ein großer Vorwärtssprung sein, das kann doch nur eine positive Veränderung sein, so quasi die Eintrittskarte ins 20. Jahrhundert.

Je länger ich hier bin, um so sicherer bin ich, daß ich nie wieder zurück möchte. Ja schon, zu Besuch und für mehrere Monate. Auch möchte ich später meinen Kindern meine Heimat zeigen, und ich möchte den Kontakt zu meiner Familie auf keinen Fall verlieren, aber ich weiß, daß ich keinen Araber heiraten möchte, unter keinen Umständen, niemals einen Araber. Ich möchte mich nie so total von einem Mann bevormunden lassen, wie es bei uns geschieht.

Natürlich weiß ich, daß die Frauen hier auch Probleme haben, das habe ich schon mitbekommen in den Medien, was sich da alles abspielt, aber trotzdem haben sie ungeheure Freiheiten. Sie können gehen, wohin sie wollen. Allein wie unbeschwert sie sich anziehen können: Sie ziehen sich die Jeans an, ziehen sich einen Pullover drüber und denken nicht mehr weiter darüber nach. Wenn ich mich anziehe, das ist mir in Fleisch und Blut übergegangen, selbst hier in Frankreich ist das eine richtige Zeremonie: Paßt dies, paßt jenes, ist das in Ordnung, ist das lang genug, ist das breit genug, stimmen die Farben, ist das nicht zu schrill, nicht zu auffallend? Es ist schrecklich, es ist ein richtiges Handikap.

Momentan mache ich die Vorbereitungskurse, die für das Studium nötig sind, die Sprachprüfungen und alles weitere. Ich bin sehr beschäftigt, und in meiner freien Zeit bin ich sehr viel mit Franzosen zusammen, eigentlich nur mit Franzosen. Ich versuche, sowenig Kontakt wie nur möglich zu Arabern zu haben, zu Leuten aus meiner Kultur. Meine Eltern und meine Verwandten haben das natürlich sehr gefördert, daß ich möglichst viele Verwandte und entfernte Bekannte hier treffe, damit sie mich doch noch irgendwie im Auge behalten, damit sie wissen, unter welchen Einflüssen ich stehe. Ich absolviere halt meine Höflichkeitsbesuche, das muß einfach sein, weil sie alle zurückberichterstatten, was ich so mache. Ich darf auf keinen Fall in den Ruf kommen, arrogant zu sein, sonst könnte ich sehr schnell verleumdet werden, und das würde meinen sofortigen Abzug aus meinem jetzigen Leben bedeuten, ich müßte sofort Paris verlassen. Das könnte sich auch mein Vater nicht erlauben, wenn ich eine üble Nachrede habe, das verbreitet sich dann wie ein Lauffeuer bis nach Kuwait.

Jetzt versuche ich eben, allen gerecht zu werden und dennoch den Zugang zum westlichen Leben zu finden. Ich sehe für mich als Frau hier viel bessere Chancen, ich möchte ein so freies Leben führen, ein so selbständiges Leben wie die Mädchen hier.

Ich bin jetzt eigentlich sehr zufrieden, wenn nicht diese entsetzliche Unsicherheit wäre. Ich habe ständig irgendwie Angst, etwas falsch zu machen, einen falschen Schritt zu machen, irgend etwas zu machen, womit ich mein jetziges Leben gefährde. Ich fühle mich aus tausend Augen beobachtet, und ich glaube, daß das auch stimmt, daß ich sehr stark unter Beobachtung stehe. Ich habe eine Freundin, Françoise, ich habe sie gleich am ersten Tag auf der Uni kennengelernt. Sie ist zwei Jahre älter als ich, und ich habe ihr viel von meinem Leben erzählt. Inzwischen sind wir schon soweit miteinander befreundet, daß ich ihr auch von meinen Ängsten erzählen konnte. Gestern habe ich sie getroffen, und da hat sie gefragt: ‹Was machen deine vielen Spione?› Ich glaube, sie hat meine Situation haarscharf getroffen, ich bin von Spionen, von Beobachtern umgeben. Aber es macht mir nichts, das ist eben der Preis für meine jetzige Freiheit.

Bestimmte Dinge mache ich nicht, ich gehe zum Beispiel nicht ins Kino, denn das wäre ungefähr das Unmoralischste, was man sich ausmalen kann. Ich, abends allein im Kino, im selben Raum mit fremden, französischen Männern, nein, unvorstellbar, das wäre das Ende von allem. Ich versuche mich dann immer herumzudrücken, wenn mich meine französischen Freunde einladen oder auffordern mitzukommen. Ich kann ihnen doch nicht sagen, daß ich nicht mit ihnen abends in einem dunklen Kinosaal sitzen darf, das würden die ja lächerlich finden. Ich finde es selbst ja auch lächerlich, aber irgendwie hätte ich das Gefühl, etwas Unrechtes zu tun, und auch die Angst, dabei erwischt zu werden, daß mich irgend jemand herauskommen sieht, daß mir jemand folgt, ich weiß es nicht. Es ist verrückt, aber das ist einfach meine Situation jetzt.

Wenn ich ganz ehrlich bin, ich weiß nicht so recht, was aus mir werden soll, ich bin noch zu durcheinander, es ist alles so schnell gegangen. Wenn ich ganz ehrlich bin, am liebsten wäre es mir, ich könnte sehr schnell ein freies Leben führen, ganz allein. Ich weiß ja, daß das ganz allein nicht geht; am liebsten wäre mir, ich würde einen Mann treffen, einen Franzosen, der von meinen Eltern akzeptiert wird, der angesehen ist, der mir ein freies Leben ermöglichen würde, den ich heiraten würde, wo die Verbindung zu meinen Eltern genauso bleibt, wie sie jetzt ist, wo es zu keinem Konflikt käme. Er müßte eben von ihnen akzeptiert werden, er müßte in den Augen meines Vaters Achtung finden, er müßte unangreifbar sein. Ich glaube, das wäre der Weg heraus für mich. Ich glaube, das wäre der einzige Weg. Ich kann doch als Frau nicht allein leben, sie werden mich hier nicht allein leben lassen, auch bei meinen Verwandten kann ich nicht bleiben. Nicht auf Dauer, irgendwann ist die Zeit hier vorüber, und ich muß wieder nach Hause. Ich weiß das ganz genau, sie werden alles daransetzen, um mich wieder nach Hause zu bekommen. Mehr als das, was mein Vater jetzt für mich getan hat, wird er niemals tun können, und wenn ich dann fertig bin, werden sie nicht verstehen, wozu ich arbeiten soll.

Ich hoffe nur, daß ich das Glück habe, meinem Schicksal eine andere Wendung zu geben, Gott wird mir helfen, ich weiß es.

Was mir am besten gefällt hier in Paris, ich finde es phantastisch, daß man total anonym sein kann, daß man hinausgeht und niemand beachtet einen, daß man selbstverständlich durch die Straßen gehen kann zu jeder Tages- und Nachtzeit, daß man in jedes Lokal hineingehen kann, daß man essen gehen kann, daß man nie speziell als Frau beachtet wird. Man ist einfach ein Mensch, ein Mensch wie alle anderen, das ist etwas Unfaßbares.

Bei uns zu Hause wäre das in der Form nicht möglich. Wo immer ich dort auftauche, bin ich mir sehr bewußt, daß ich eine Frau bin, daß ich ganz speziell behandelt werde, daß ich beobachtet werde, ob ich alle Verhaltensanforderungen erfülle, ob ich unseren Sitten gerecht werde, ob ich mich so verhalte, wie es von mir erwartet wird. Das ist ein ganz strenges Regime, unter dem wir leben. Hier dagegen herrscht die totale Leichtigkeit, es ist alles so einfach.

Ich denke, für unsere Männer muß das ein Alptraum sein, zu beobachten, wie die Frauen hier plötzlich in Freiheit leben, die Frauen, die sie zu Hause einsperren und behüten und beschützen und zur Not auch wegsperren. Ja, das tun viele, mehr als Sie glauben. Von meiner Freundin Hannah habe ich gestern von zu Hause einen Brief bekommen, es war eine Meldung wie aus einer anderen Welt. Sie hat mir geschrieben, welchem Druck sie gerade ausgesetzt ist, weil ihr ein Mann vorgeschlagen wird, den sie eigentlich nicht mag, an dem ihre Familie aber sehr interessiert ist. Er wäre sogar ein potentieller Geschäftspartner für ihren Vater. Ich sehe schwarz für sie, und sie hat lange lamentiert und hat viele Seiten vollgeschrieben mit all ihren Überlegungen. Im Grunde genommen ist das alles absurd. Hier in Paris weiß ich, wie absurd das ist, jetzt sehe ich ganz klar, was Hannah eigentlich tun müßte. Daß sie sich weigern müßte, ganz deutlich und dezidiert, statt sich endlos bearbeiten und weichklopfen zu lassen und zu hoffen, daß rein zufällig ein Wunder geschieht. Aber dort, ich verstehe das, sie ist gefangen in Millionen Wenn und Aber, und in Wirklichkeit wird sie genau das Falsche tun, sie wird alles akzeptieren, und sie wird diesen Geschäftsfreund ihres Vaters heiraten. Für mich unfaßbar, aber ich weiß, ich bin jetzt nicht nur einige Monate, sondern im Grunde Lichtjahre von zu Hause entfernt. Wenn ich noch dort leben würde, würde ich mich genauso verstricken in alle möglichen Loyalitäten und Überlegungen und Ängste. Einen echten Ausweg suchen, das tun die wenigsten.

Religion hat immer eine Rolle bei uns zu Hause gespielt. Wir haben uns bemüht, religiöse Menschen zu sein. Wir waren nie religiöse Fanatiker, aber wir haben gebetet und die Festtage eingehalten, wir haben zu Ramadan gefastet, und ich habe das immer sehr schön gefunden, die Abende dann intensiv mit Verwandten und befreundeten Familien zu verbringen. Das war ein sehr erfreuliches, lustiges Ereignis. Das läuft natürlich alles streng getrennt ab, aber ich muß sagen, mir haben die Männer bei uns zu Hause nicht wirklich gefehlt, das ist anders als hier. Im Grunde ist das ja auch eine sehr große Erleichterung, daß es diese Trennung der Männer von den Frauen gibt. Ich möchte mit unseren Männern nicht allzuviel Kontakt haben, diese Sehnsucht habe ich nie gehabt. Weder mit den jungen noch mit den alten, es ist einfach unheimlich anstrengend und angespannt.

Hier ist das anders, es ist einfach so selbstverständlich. Ich glaube, daß ich mit einem Mann hier vielleicht fast genauso gut befreundet sein kann wie mit einer Frau. Männer sind es hier gewohnt, Frauen anzuhören, sie zu beachten, mit ihnen ganz intime Dinge auszutauschen, ganz wichtige Gespräche zu führen, die normalerweise bei uns nur unter Frauen möglich sind. Das würde ich zwar nie tun, das würde ich mich nie trauen, ich habe eine große Barriere Männern gegenüber, aber ich sehe, daß das möglich ist.

Ich glaube übrigens auch, daß das Familienleben in Wirklichkeit hier sehr viel intensiver, sehr viel inniger ist. Es gibt viel weniger Grenzen, viel weniger Barrieren zwischen den Menschen. Man sagt, daß unsere Familien, die Großfamilien, soviel Wärme bieten. Das mag ja sein, ich glaube aber, daß bei uns zugleich eine viel größere Fremdheit ist, nicht unter den Frauen oder unter den Männern, aber zwischen Frauen und Männern. Es gibt zwischen ihnen überhaupt keine Verständigung, dafür aber sehr viel Mißtrauen. Mir ist das erst wirklich aufgefallen, ich habe das eigentlich erst alles realisiert, nachdem ich hier angekommen bin und die Franzosen beobachtet habe, die ganz anders leben. Man sieht die Familien zusammen, sie lachen, sie unterhalten sich miteinander, die Kinder machen Scherze mit ihren Eltern. Dagegen ist es bei uns so viel förmlicher, so steif. Man muß alles für sich behalten, seine Gedanken und Wünsche, sonst würden gleich alle

Alarmglocken läuten. Die Eltern denken so konzentriert an deine Tugend, daß sie an dich als Person gar nicht mehr denken können.

Es macht mich ganz traurig, wenn ich an meine Freundinnen denke, daß sie so ein ganz anderes Leben führen müssen, als ich es nun führen kann. Es macht mich sehr traurig, weil ich es als so hoffnungslos ansehe, daß sie da jemals herauskommen werden. Aber was ist die Lösung? Es gibt keine Lösung, und wenn ich dort geblieben wäre, dann hätte ich es ebenfalls akzeptieren müssen. Heute weiß ich, daß es für mich kein Zurück mehr gibt, ich würde sterben, wenn ich noch einmal in Kuwait leben müßte.»

Kyra befindet sich, wie eine immer größer werdende Gruppe von Frauen in vergleichbaren Situationen, in einem großen Zwiespalt. Das vorgesehene Frauenleben in ihrer Kultur lehnt sie ab, und zwar nicht erst, seit sie in Paris lebt; die vergleichsweise moderneren Ansichten ihrer Eltern, die Nachrichten über andere Lebensmöglichkeiten, die über die Medien mittlerweile überallhin transportiert werden, und eigene Beobachtungen auf Reisen haben ihr gezeigt, daß die Regeln und Einschränkungen ihrer Tradition nicht unausweichlich und unabänderbar sind, daß Frauen auch anders leben und anders behandelt werden können. Dieses Wissen aktiviert ein Unbehagen, das sonst bloß zu einer inneren Traurigkeit, einer Abstumpfung und einer Resignation führen würde. An die Stelle der Resignation treten andere, nicht minder unbequeme Gefühle: Angst, Verwirrung, Aufgewühltheit. Solche Frauen leben nicht nur «zwischen den Kulturen», sondern diese Kulturen leben in ihnen und liegen dort miteinander in Widerstreit.

Wenn Kyra eine Situation beurteilen und eine Reaktion darauf finden will, dann entsteht sofort ein innerer Streit. Da gibt es das Verhalten, daß sie selber richtig finden würde. Dann gibt es das Verhalten, das ihre neue Umgebung richtig findet. Und es gibt das Verhalten, das in ihrer alten Umgebung objektiv als richtig gegolten hätte. Schließlich gibt es noch das Drumherum von möglichen

Mißverständlichkeiten und Fragwürdigkeiten, eine riesige Grauzone des Mißtrauens und der sexuellen Paranoia, in der auch objektiv richtiges Verhalten ins Verhängnis führen kann, wenn es von irgendwem falsch ausgelegt wird.

Nehmen wir das Beispiel, das Kyra genannt hat, den Kinobesuch. In Kuwait dürfte Kyra nicht in einer gemischten Gruppe ins Kino gehen, es sei denn, ein älterer Bruder begleitet sie. In Frankreich darf sie es schon gar nicht, denn dort ist sie überhaupt «ohne Aufsicht», und jedes Signal, daß sie sich vielleicht westlichen Moralvorstellungen anpaßt, würde dort doppelt besorgt registriert.

Gleichzeitig hat Kyra auch eigene, verinnerlichte Moralvorstellungen. Diese würden ihr ohne weiteres das unschuldige Vergnügen erlauben, mit Männern ins Kino zu gehen. Die Freizügigkeiten, die im Westen statthaft sind, würden für sie dennoch nicht in Frage kommen, auch dann nicht, wenn sie sich ausschließlich auf ihr inneres Rechtsgefühl verlassen würde. Aber es ist ihr nicht möglich, sich an diesem inneren Rechtsgefühl zu orientieren, obwohl sie das so gerne möchte. Dazu hat sie viel zuviel Angst.

Kyra fühlt sich umringt von «Spionen». Das Gefühl der permanenten Kontrolle, der ständigen kritischen Beobachtung, ist die wirksamste Sanktion ihrer Kultur gegen die Freiheit und moralische Unabhängigkeit der Frauen. Dieses Gefühl ist mit Kyra nach Frankreich gereist, als unsichtbares Gepäckstück, das ihr Leben auch hier noch erschwert und belastet.

Das zweite unsichtbare Gepäckstück ist Kyras Gefühl der Abhängigkeit von der Autorität des Mannes. In ihrer Jugend war ihr Vater das einzige Bollwerk zwischen ihr und einem unerträglich eingeschränkten, traditionellen Frauenleben. Ihre übersteigerte Sorge um sein Wohlbefinden – nicht aus Sorge um ihn, sondern aus Angst, den Beschützer zu verlieren – drückt diese extreme Abhängigkeit deutlich aus. Kyra bemerkt gar nicht, wie sehr diese Angst ihre Liebe zum Vater überschattet. Als junges Mädchen hat sie gebetet, daß «ihm nichts passieren möge, solange ich noch in Kuwait zur Schule gehe». Die allumfassende Autorität der Männer, ihre Macht über das Leben der Frauen bedingt auch, daß es zwischen ihnen keine wirkliche Liebe gibt. Von seiten der Männer ist die Liebe kontrollierend, stets um die eigene vermeintliche Ehre bedacht und zu Strafen bereit. Auf seiten der Frauen ist die Liebe durch Angst, Heimlichkeiten und Ressentiments vergiftet.

Auch wenn Kyra sich Gedanken über einen möglichen zukünftigen Partner macht, kommt das klar zum Ausdruck. Der «europäische Mann» nimmt in ihren Augen dieselben überproportionalen, lebensbestimmenden Züge an, die er in ihrer traditionellen Kultur für sie hätte. Ist der arabische Ehemann die Verkörperung ihrer Unfreiheit, soll ein europäischer Ehemann zum Garanten für ihre Befreiung werden. Er soll ihren Vater ablösen, soll ihrer Familie gegenüber für ihre Ehrbarkeit und Tugend geradestehen; er soll ihr Vormund sein, aber ein netter, generöser Vormund, der ihr sehr viel Freiheit läßt. Gleichzeitig wünscht sie sich zu Männern eine andere, eine authentischere menschliche Beziehung, in der auch normale Gespräche und ehrliche Meinungsäußerungen möglich sind. Das ist ein Ziel, das wir auch in Europa noch lange nicht erreicht haben; wenigstens aber haben wir es als Idee vor Augen.

Auffallend an Kyra ist der hohe Grad an Einschüchterung, die ihre Erziehung bei ihr bewirkt hat. Eine falsche Bewegung, und alles kann aus sein; wenn auch nur ein einziger wichtiger Mann vergrämt wird, kann er jede weitere Freiheit sofort unterbinden. Diese Sanktion der autoritären Gewalt wird untermauert von den millionenfachen Bearbeitungen, denen eine einzelne junge Frau ausgesetzt ist durch die unzähligen Onkel und Tanten, Brüder und sonstige Verwandte, die allesamt als Sonderbeauftragte in Sachen weiblicher Fügsamkeit auftreten.

Kyra ist bestimmt nicht feige oder willensschwach. Sie hat in Verteidigung ihrer Schwägerin mit dem Bruder gestritten, sie hat in Eigenantrieb als Klassenbeste ihre Schule abgeschlossen. Aber sie hat eine extreme Angst vor Konflikten und wenig Vertrauen in sich selbst. Man werde sie nicht allein in Paris leben lassen, auch nicht mit einem fertigen Studienabschluß, erzählt Kyra besorgt. Doch wer sollte es ihr verbieten, wenn sie es wirklich möchte und ein eigenes Einkommen verdienen kann? «Sie werden mich nicht lassen» – Kyra kann sich nicht, auch nicht für die fernere Zukunft, einen Moment vorstellen, an dem diese diffuse, übergeordnete Instanz nicht mehr über sie zu bestimmen hat. Statt dessen soll Europa, in Gestalt eines Mannes, sie verteidigen gegen die Allmacht

Kuwaits, die sich ihr ebenfalls in männlicher Gestalt präsentiert. Sie wünscht sich eine Lösung, «wo es zu keinem Konflikt käme», weil ihre Umwelt ihr von Geburt an vermittelt hat, daß sie in einem Konflikt keine Chancen hätte.

Aisha

«Ich bin in Damaskus aufgewachsen und bin jetzt seit vier Jahren in Deutschland. Nach der Schule habe ich angefangen, in der Praxis meines Vaters auszuhelfen, weil Medizin mich sehr interessiert. Am liebsten hätte ich Medizin studiert, aber meine Familie war dagegen. Sie hätten das Geld gehabt, das wäre kein Problem gewesen, aber das war in ihren Augen kein Beruf für ein Mädchen.

Mein Vater war als Arzt sehr angesehen, er war ständig unterwegs auf Kongressen oder bei Konsultationen. Genau das waren dann die Gegenargumente: Wie sollte ich mich als Frau bewegen, es ist ja auch notwendig, daß ich Hausbesuche mache, wie sollte das gehen? Ich hätte höchstens im Krankenhaus arbeiten können. Ich habe dann zwar eingeräumt, daß ich bestimmt nur im Krankenhaus arbeiten möchte, aber da hat mein Vater erwidert, dann könnte ich doch gleich als Assistentin zu ihm in die Praxis gehen. Und irgendwie habe ich nicht die Kraft gehabt und auch nicht die richtigen Argumente, mich für meine Sache einzusetzen.

Ich glaube, es ist mir auch in Wirklichkeit nicht so sehr um das Studium gegangen, sondern ich habe irgendwo die Möglichkeit gesucht, etwas zu tun, was mich den traditionellen Einschränkungen in der Familie entzieht. Was wäre meine Alternative gewesen? Hier zu sitzen und zu warten, bis alle Cousins mir vorgeführt werden und ich mich für einen entscheide?

Eines Tages spazierte dann aber doch ein Mann in mein Leben. Es war jedoch nicht einer der arabischen Wunschkandidaten meiner Familie, sondern ein Europäer, mein heutiger Mann Xaver. Er ist zu meinem Vater in die Praxis gekommen und hat während der Wartezeit ein bißchen mit mir geplaudert. Er war der erste Europäer, mit dem ich mich ausführlicher unterhalten habe. Er hat mir erzählt, daß er für eine internationale Organisation arbeitet, daß er bald wieder zurück nach Berlin berufen wird, daß er sehr gerne – er hat drei Jahre in Syrien gelebt – in Damaskus war, daß er sehr interessiert ist an unserer Kultur, daß er glaubt, daß unsere ganze Region im Umbruch ist, und daß er sehr glücklich war, gerade zu diesem Zeitpunkt hier zu leben. Ich war absolut fasziniert von ihm. Dieses Gespräch mit ihm war so angenehm, ich glaube, es war das erste Gespräch, das ich völlig spannungsfrei mit einem Mann geführt habe. Obwohl, das stimmt auch nicht, ich war vielmehr in Hochspannung, ich war total aufgeregt, ich hatte Herzklopfen. Ich weiß nicht, wenn ich jetzt darüber nachdenke, ob es daher kam, daß er mir so gut gefallen hat, oder weil ich wußte, daß ich etwas Verbotenes tat: mich so intensiv und ausführlich mit einem fremden Mann, noch dazu mit einem Ausländer zu unterhalten.

Ich habe meiner besten Freundin am Abend von diesem Vorfall berichtet, sie war total erschrocken. Sie hat mich gewarnt, sie hat gesagt, sei vorsichtig, aber ich habe ja nicht gedacht, daß sich irgend etwas davon ableiten würde. Allerdings haben wir beide mein Erlebnis sehr romantisch gefunden. Dieser Zwischenfall hat sehr bald seine Kreise gezogen, und ich glaube, die meisten Mädchen in meinem Alter aus Damaskus wußten, daß ich einen aufregenden Ausländer kennengelernt hatte. Das Ereignis ist dann noch sehr ausgeschmückt worden, und ich habe später gehört, daß es soweit gegangen ist, daß man erzählte, er hätte um mich angehalten, gleich anschließend an das Gespräch. Ja, so entstehen bei uns die Geschichten.

Drei Tage später ist er wiedergekommen, um noch einmal meinen Vater zu konsultieren. Wir konnten diesmal aber nicht mehr miteinander reden, weil er gleich drangekommen ist. Er hat dann versucht, mit meinem Vater ausführlicher ins Gespräch zu kommen, aber mein Vater ist nicht sonderlich interessiert an Kontakten zu Ausländern, und er ist auch ein sehr zurückhaltender Mensch. Vielleicht hat er die Wünsche oder Signale auch überhaupt nicht verstanden.

Am Tag darauf erschien er schon wieder, ich war in Panik, weil ich dachte, jetzt ist es offensichtlich, jetzt wird mein Vater merken, daß er nicht wegen einer Krankheit kommt, sondern daß da etwas anderes stattfindet. Da sind ja unsere Väter und Brüder ganz paranoid, wenn es um uns geht, um uns junge Mädchen in der Familie. Aber er ist zum Glück nicht auf meinen Vater getroffen. Er hat mir nur kurz gesagt, daß er mich im Hotel *Hilton* in der Eingangshalle gerne treffen und mit mir einen Tee trinken möchte. Ich war so in Panik, daß ich mich überhaupt nicht geziert habe. Ich habe sofort ja gesagt, nur damit er schnell weggeht. Ich habe ja gesagt, morgen, Samstag nachmittag um drei Uhr bin ich dort. Ich bin dann um das Hotel gekreist und war wirklich schon um fünf Minuten früher dort, aber er hat schon auf mich gewartet. Er war aber nicht allein gekommen, was mich sehr erleichtert und mich noch stärker für ihn eingenommen hat. Ich habe in ihm einen sehr feinfühligen, sehr verständnisvollen Mann gesehen, weil er berücksichtigt hat, in welche schreckliche Lage er mich bringen würde, wenn mich irgend jemand, irgendein Freund meines Vaters in der Eingangshalle dieses Hotels beim Nachmittagstee gesehen hätte – allein mit einem Mann. Er hat einen Freund aus seinem Büro mit seiner Frau mitgebracht, eine absolut nette Familie, und so war es unverfänglich. Wir haben dann gemeinsam einen kleinen Ausflug gemacht, sind aus der Stadt hinausgefahren und ein Stück spazierengegangen, haben dann noch etwas getrunken, und er hat mich wieder beim *Hilton* abgesetzt. Nach Hause bringen, das wäre ja unmöglich gewesen.

Diese Treffen haben sich dann in rascher Abfolge wiederholt. Meine Mutter ist ganz nervös geworden, weil sie gespürt hat, daß irgend etwas nicht stimmt. Sie hat sich aber nicht getraut, meinen Vater davon zu informieren, weil die Schuld sie als erste getroffen hätte. Sie ist ja die Garantin meiner Unschuld, sie ist ja diejenige, die im Grunde genommen ihr Leben dafür einsetzen muß, daß ihren Töchtern nichts passiert, daß alles so abläuft, wie es vorgesehen ist. Sie hat sicher genauso große Angst vor meinem Vater gehabt wie ich.

Mein Vater war für uns alle eine übermächtige Figur, er war zwar milde, konnte aber furchtbar tobsüchtig werden. Ich habe ein einziges Mal einen Tobsuchtsanfall erlebt, da ist es um einen meiner Brüder gegangen, und ich werde das nie vergessen. Das ganze Haus hat gebebt, und drei Tage lang hat keiner mit dem anderen gesprochen, wir haben alle nur geflüstert, aus Angst, ihn zu verärgern oder ihn zu provozieren. Und damals ist es nicht einmal um etwas sehr Wichtiges gegangen. Bei mir aber stand schließlich die Familienehre auf dem Spiel, nicht auszudenken, wie mein Vater sich da erst verhalten würde. Ich fühlte mich sehr verwirrt, hatte aber niemanden, mit dem ich sprechen konnte. Also habe ich einfach nichts getan und den Dingen ihren Lauf gelassen.

Mich hat Xaver sehr interessiert, ich habe schnell gewußt, er oder keiner, das ist der richtige Mann für mich. Xaver ist fast zwanzig Jahre älter als ich, und das hat es im Endeffekt auch viel leichter gemacht, weil er als respektable Person eingestuft worden ist von meiner Familie, dem man schließlich dann doch die Tochter, wenn auch widerstrebend, mit auf den Weg gegeben hat ins ferne Deutschland.

Der Entschluß zur Ehe ist sehr schnell gekommen. Nach zwei Wochen hat mir Xaver seine Liebe gestanden, in einer so direkten Form, daß es mich fast negativ berührt hat. Das ist man bei uns überhaupt nicht gewöhnt, Dinge so direkt anzusprechen. Seine Liebeserklärung war für ein anständiges Mädchen fast eine Beleidigung. Innerlich habe ich zwar schon gespürt, daß das alles richtig und echt und ehrlich ist, aber in mir hat sich trotzdem alles gesträubt, das zu akzeptieren. Was dachte er denn eigentlich, was er für eine Frau vor sich hat, ein unberührtes Mädchen aus einer guten Familie; mit ihr konnte man doch nicht solche Dinge besprechen. Andererseits wollte ich ihn auch nicht zurückweisen, das hätte ich nicht fertiggebracht.

Xaver war unter großem Zeitdruck, weil er im nächsten Monat schon zurück nach Deutschland gehen sollte. Ich wußte, wenn er ohne mich ginge, dann wäre die Sache vorbei. Ich wußte, daß ich allein nie den Weg zu ihm finden würde, daß es unmöglich wäre, das zu organisieren und den Eltern einsichtig zu machen. Sie hätten mich niemals nachreisen lassen.

Bei uns zu Hause war die Behandlung der Mädchen eigentlich viel besser als in den Familien meiner Freundinnen, wir wurden wirklich respektiert. Mein Vater hat sich mit uns genauso unterhalten wie mit den Brüdern; es gab eigentlich relativ wenig Unterschiede. Natürlich mußten wir die Hausarbeit machen, das war alles ganz selbstverständlich. Wenn ich das heute von der Perspektive hier in Deutschland sehe, bin ich zwar ganz erschüttert, was für ein schreckliches Leben wir im Grunde geführt haben, aber wir haben das damals nicht in der Weise empfunden, glaube ich. Die Jungen sind hinausgegangen und haben die meiste Zeit auf Sportplätzen oder mit irgendwelchen Freunden verbracht, und wir waren im Haus. Das war sehr eintönig, aber irgendwie war das auch ganz schön, es waren immer sehr viele Leute da, es ist viel getratscht worden. Ich glaube, ich habe diese Zeit schon auch genossen, gleichzeitig spürte ich, daß ich nicht mein ganzes Leben so verbringen wollte. Trotzdem will ich mich nicht beklagen. Ich wurde im großen und ganzen von meiner Familie gut behandelt. Bis zu dem Zeitpunkt, wo die Hölle einsetzte.

Dieser Zeitpunkt war der Besuch von Xaver. Er hat sich bei meinem Vater angemeldet und hat ihn gebeten, ob er zu uns nach Hause kommen könnte, und da ist mein Vater bereits absolut mißtrauisch geworden. Xaver hat sich für den nächsten Tag angekündigt. Mein Vater ist, unserer Tradition entsprechend, zur Gastfreundschaft verpflichtet und hat ihn nicht zurückgewiesen. Aber er ist an diesem Tag in totaler Rage aus der Praxis nach Hause gekommen, er hat mich, ohne mir eine Chance zu geben, etwas zu sagen, an den Haaren gezogen, er hat mir den Kopf zurückgezerrt und geschrien: ‹Bist du eine Hure oder bist du keine Hure, sag mir alles, sofort, sag mir alles, damit ich weiß, was ich zu tun habe.› Ich war wie vom Donner gerührt, ich war so erschrocken, daß ich einen Schweißausbruch bekommen habe. Meine Mutter ist herbeigeeilt, sie hat geweint und geschrien; meine jüngeren Schwestern sind gekommen und standen fassungslos dabei; plötzlich waren auch meine Brüder im Zimmer; es war ein Riesenauflauf, eine unglaubliche Aufregung, und alle haben auf mich eingeredet und eingeschrien. Das war ein richtiger Schock für mich. Ich habe damals angefangen, meine arabische Herkunft zu hassen, mein Schicksal, in diesem Teil der Welt geboren zu sein. Dieser späte Nachmittag war ein absolutes Trauma, ich glaube, ich werde nie darüber hinwegkommen. Das ist ein richtiger Riß im Verhältnis zu meinen Eltern, zu meiner Familie, zu meiner Kultur, das ist etwas, was sich nie wieder bereinigen lassen wird.

Wir haben dann schneller geheiratet, als meinem Mann und mir lieb war. Es wurde von meiner Familie alles überstürzt. Ich habe bei Freunden, die ein Kind hier in Deutschland verloren haben, erlebt, daß es eine Nottaufe gibt; seitdem muß ich immer denken, daß meine Hochzeit eine Nothochzeit war. Meinen Vater ließ der Gedanke, daß ich entehrt werde, daß ich also mit Xaver schlafe und vielleicht in neun Monaten ein Kind bekomme, absolut nicht mehr los, er war total besessen davon. Er versuchte noch tagelang, aus mir herauszuquetschen, was mir eigentlich passiert sei, dann hat er Xaver zu sich bestellt und ihn befragt.

Xaver und ich hatten vorgehabt, die Einwilligung meiner Eltern zu erzielen und Verlobung zu feiern. Danach wollte Xaver heimfahren, und ich wollte nachkommen. Mein Vater aber – und das ist mir dann auch irgendwie schrecklich peinlich gewesen – hat gesagt, nein, nein, das müsse alles hier sofort passieren. Wir haben dann also, was Xaver nicht sehr recht war, ohne seine Verwandten geheiratet. Es war eine sehr kleine, für unsere Verhältnisse sehr kleine Hochzeit. Es kamen trotzdem hundert Leute, aber das Ganze hat innerhalb von zwei Wochen stattfinden müssen. Natürlich waren jetzt alle erst recht davon überzeugt, daß ich heiraten *mußte*, daß es höchste Zeit war, daß ich schon schwanger sei. Irgendwie war das alles ziemlich schrecklich und unerfreulich, aber ich habe es nicht wirklich wahrgenommen, weil es so wahnsinnig aufregend war, nach Deutschland zu gehen und dieses Leben hinter mir zu lassen. Der Abschied, der mir, da ich ja doch sehr starke Bindungen hatte, sicher viel schwerer gefallen wäre, wurde für mich jetzt eigentlich ganz einfach durch all diese mißlichen Erlebnisse, die in diesen Tagen stattgefunden haben.

Ja, und dann fand ich mich plötzlich in Berlin-Charlottenburg in einer kleinen Zweizimmerwohnung wieder. Xaver war den ganzen Tag im Büro, und ich wußte eigentlich nicht so recht, was ich mit mir und meinem neuen Leben anfangen sollte. Xaver hat mir alle möglichen Adressen mit nach Hause gebracht, von Beratungsstellen für ausländische Frauen, von Frauentreffpunkten. Irgendwie habe ich das alles sehr rührend gefunden, aber dort, ich bin auch einmal wirklich zu einer dieser Adressen hingegangen, dort waren ja alles nur verzweifelte Frauen – Frauen, die schreckliche Probleme mit ihren Familien hatten oder die befürchteten, abgeschoben zu werden. Es gab dort keine Vorkehrungen für mich, keine Freundinnen, keine Gleichgesinnten. Eigentlich war das dann die Zeit der totalen Isolation, wobei ich schon zugeben muß, ich habe diese Monate, in denen ich untätig war, auch unheimlich genossen, vielleicht war das sogar notwendig. Ich bin am Nachmittag ins Kino gegangen, ich habe mir alles ganz genau angeschaut, ich habe die Leute beobachtet, ich bin oft tagelang ziellos durch die Straßen gegangen. Das klingt vielleicht dumm, aber es war wie ein Intensivkurs für mich, ich konnte mir langsam ein richtiges, ein eigenes Bild machen.

Ich war sehr überrascht von dem Leben, das die Frauen hier führten. Sie haben sich so verhalten wie bei uns die Männer. Am Anfang hat es mich irgendwie schockiert. Ich hatte manchmal den Impuls, zu so einer Frau hinzugehen, sie zu rütteln und sie zu fragen, was sie da eigentlich macht, wenn sie zum Beispiel einfach irgendwo auf der Straße jemanden anspricht. Da ging eine Frau, und sie hat einen Mann gefragt, wie spät es sei, einfach so; sie hat einen Mann gestoppt und ihn gefragt, wie spät es eigentlich sei. Der hat ganz selbstverständlich auf seine Uhr geschaut, ihr die Zeit mitgeteilt und ist dann ungerührt weiterspaziert. Das ist unglaublich, das wäre ja bei uns schon ein solches Sakrileg.

Ich bin also einfach durch die Straßen gegangen und habe solche Szenen registriert. Lustig waren auch die Begegnungen mit den Freunden von Xaver. Er hat immer geschaut, daß er mich in seinen Kreis der Bekannten und Freunde mit einbaut, damit ich Leute kennenlerne, und es haben mich alle sehr, sehr freundlich aufgenommen. Sie waren natürlich auch unsicher und wußten nicht so recht, wie sie mir begegnen sollten. Es gab ja auch die sprachlichen Barrieren, und dann kamen immer diese Fragen, wie ich denn dort gelebt hätte, wie es sei, als Frau in Damaskus zu leben, wie das mit unserer Religion ist. Es gibt ja auch schon so viele Moslems in Europa, ich war selber überrascht davon. Aber bei aller Vorinformation muß ich sagen, daß diese Leute, diese Freunde von Xaver, gar keine Vorstellung hatten, wie arg es ist. Sie haben schon alle vermutet, daß es irgendwie ganz anders ist und daß wir als Frauen nicht ein besonders gutes Leben haben in unserer Welt, aber um wieviel schrecklicher es ist, das konnte ich auch später, als ich mich schon ziemlich gut verständigen konnte, niemandem klarmachen. Diese Summe der Einschränkungen und der tagtägliche Hürdenlauf durch tausend Blockierungen und Verbote, das kann sich eigentlich niemand vorstellen, der das nicht erlebt hat.

Ich habe mich sehr schnell und sehr gut angepaßt an die Kultur hier. Im Grunde ist es ja so, wenn man irgendwohin fährt, wo es sehr viel schöner ist, wenn man irgendwohin in die Ferien fährt, wo die Sonne scheint, wo alles sehr angenehm ist, dann hat man ja auch keine großen Probleme, sich daran zu gewöhnen. Ich war letztes Jahr mit meinem Mann in einem Club Med in Marokko. Dort habe ich daran denken müssen, daß hier der Westen, die westliche Welt für mich eigentlich wie ein riesiger Club Med ist mit unzähligen Unterhaltungsangeboten, die auch für mich offen sind, nicht nur für die Männer. Bei uns zu Hause ist ja alles nur für die Männer gemacht. Ich denke, daß Frauen in Europa im Grunde ein sehr entspanntes Leben führen. Ich meine Entspannung aber nicht im Sinne von Arbeit, denn arbeiten tun die Frauen hier sehr viel, bestimmt viel mehr als die Frauen bei uns. Dafür ist aber der Streß zu Hause ein unheimlich großer, in meinem Land. Die Frauen sind für soviel verantwortlich, persönlich verantwortlich, sie können für alles haftbar und strafbar gemacht werden.

Ich werde jetzt Krankenschwester, obwohl mein Mann diesem Plan mit gemischten Gefühlen entgegensteht. Er befürchtet, daß ich zuviel weg sein werde und sein Leben dann sehr viel ungeordneter und anstrengender wird. Aber so ist das nun einmal, wenn ich jetzt schon als Frau im Westen leben möchte, das habe ich sehr schnell gelernt, dann gehört zur Freiheit auch die Selbständigkeit.

Ich habe jetzt nicht so sehr Probleme mit der Umwelt und mit meinem Alltag, ich habe aber im Moment Probleme mit Xaver bekommen. Und das Hauptproblem ist wohl, daß er meint, er hätte eine Frau geheiratet aus einer Welt, wo die Frauen doch noch viel untertäniger sind und viel weniger widersprechen und nicht wirklich ein eigenes Leben führen. Und nun fängt sogar diese Frau an, einen eigenen Kopf zu haben. Daß ich immer schon, auch zu Hause, ein sehr intensives, inneres eigenes Leben geführt habe, das übersieht er. Er kann unmöglich in der Vorstellung leben, daß ich den ganzen Tag zu Hause bin oder eben spazierengehe, ihm koche und ihm abends eine entspannte Ehefrau bin und seine Gäste unterhalte. Ich aber will ein wirklich eigenes Leben führen, ein Leben, das etwas wert ist, für sich allein auch. Das ist jetzt eigentlich unser Hauptstreitpunkt. Im Herbst beginne ich mit meiner Ausbildung, das bedeutet, daß ich den ganzen Tag in der Schule bin und dann auch sehr schnell in die Praktika hineingehen muß. Das Interessante ist, daß ich nun dieselben Widerstände erfahre wie zu Hause. Dort hieß es, daß eine junge Frau nicht allein im Krankenhaus arbeiten kann – was da alles passieren kann über Nacht, mit Kollegen, mit Ärzten, mit irgendwelchen Männern, undenkbar. Ja, und Xaver ist nun auch dagegen, aber ihm geht es nicht so sehr um die Sitte und den Anstand, sondern ihm geht es ausschließlich um seine eigene Bequemlichkeit. Das werfe ich ihm vor, diesen Hang zu seiner Bequemlichkeit, daß er sich selber am allerwichtigsten ist, daß ich für ihn nicht wirklich wichtig bin, daß es nicht wichtig ist, wie glücklich ich bin. Ich bin eigentlich nur für sein Glück da. Wenn er das hört, wird er wütend, wenn ich das so in dieser Schärfe sage, aber ich glaube, es ist so.

Im Grunde genommen ärgert er mich genauso wie mein Vater. Dort ist alles nicht gegangen, weil es bestimmte Ideologien gegeben hat, dort war die Religion eigentlich das alles Überschattende, aber hier? Es gibt eigentlich keinen Grund, warum er sich wirklich wehren sollte, es gibt keinen Grund, der über ihn hinausgeht, kein objektives Prinzip, nein, es ist einfach nur seine Bequemlichkeit, das habe ich ganz klar erkannt. Also streiten wir.»

Mahmat, der Hüter seiner Schwester

Die doppelte Verführung

Wenn die Schwester einen Fehltritt macht, muß der Bruder die Ehre der Familie wiederherstellen. Manchmal muß er sie dazu sogar töten.
Für Mahmat, einen jungen Technikstudenten in München, kommen drastische Lösungen wie diese nicht mehr in Frage. Doch was soll er tun mit dieser Schwester, die im freizügigen Westen ihren Verstand verloren hat?

Mahmat ist 24 Jahre alt und lebt seit zweieinhalb Jahren in München. Er ist ein sehr sympathischer junger Mann. Im Gespräch stellt sich heraus, daß er unheimlich ehrgeizig ist, sehr interessiert an seinem Studium. Sein Deutsch ist ausgezeichnet, was auf seinen zielbewußten persönlichen Einsatz zurückzuführen ist. Als er erfuhr, daß er ein Stipendium für Deutschland bekommen würde, hat er Tag und Nacht deutsche Bücher gelesen, nur mit Hilfe des Wörterbuchs, um schon einen kleinen sprachlichen Vorsprung zu haben.

Hinter der extremen Sachlichkeit seines Auftretens verbirgt sich jedoch eine große innere Aufwühlung, die aus dem Problem der Mann-Frau-Beziehung resultiert. Mahmat ist ein junger Mann, der sich orientieren will und keinerlei Anhaltspunkte mehr besitzt.

«Ich bin in einer ganz typischen Mittelschichtfamilie in Istanbul aufgewachsen. Wir haben in einem der Außenbezirke ein sehr schönes Haus. Mein Vater ist ein großer Bewunderer Deutschlands. Er war als junger Mann in Deutschland und war damals sehr beeindruckt. Mein Vater ist Geschäftsmann, er hat ein kleines Geschäft, betreibt auch Großhandel, eher in bescheidenem Maße, aber wir haben immer in sehr abgesicherten Verhältnissen gelebt.

Er ist damals nur kurz in Deutschland geblieben, weil er gefunden hat, wir sollten nicht ein Leben wie Gastarbeiter führen und wie viele andere hin und her pendeln, sondern entweder da oder dort Fuß fassen.

Ich habe noch drei Schwestern, und eine dieser Schwestern setzte es sich in den Kopf, daß sie mir nachfolgen müßte. Sie hat meinen Vater so lange bearbeitet, bis sie ihn dazu gebracht hat, daß sie ein Jahr nach meiner Ankunft in Deutschland zu mir ziehen durfte. Das hat mein Leben dann total verändert.

Ich habe ein Jahr den Vorstudienlehrgang gemacht und mich danach an der Technischen Universität eingeschrieben, wo ich jetzt den Abschluß als Bauingenieur mache. Ich möchte sehr gern in den Bereich Hoch- und Tiefbau, weil der Bau eine große Konjunktur haben wird in unserem Land, und ich bin ganz sicher, daß ich zurückgehen werde. Ich arbeite Tag und Nacht darauf hin. So intensiv, wie ich Deutsch gelernt habe, lerne ich all das, was hier von mir verlangt wird, um wieder zurückzugehen und in meinem Land zu arbeiten.

Im Grunde genommen habe ich es vom ersten Moment an gewußt, daß ich nicht hierbleiben werde. Ich habe es sofort gewußt, obwohl mich vieles absolut fasziniert hat von dem, was ich hier gesehen habe und was mir aufgefallen ist. Aufgefallen ist mir vor allem, daß die Menschen sehr hektisch sind, daß sie viel weniger miteinander zu tun haben, daß sie sich ganz anders begegnen in den Straßen, daß eigentlich keiner Zeit hat, mit dem anderen zu reden. Das ist mir sehr stark auch auf der Universität aufgefallen. Am Anfang war ich sehr viel mit meinen Landsleuten zusammen und mit anderen Studenten aus Ländern der Dritten Welt, weil wir ja alle diese Vorbereitungskurse besucht haben. Aber ich habe dann ganz gezielt versucht, Kontakte zu deutschsprachigen Kollegen zu finden, weil mir klar war, daß ich Deutsch nur mit ihnen lernen kann, daß es überhaupt keinen Sinn hat, weiterhin türkisch zu sprechen.

Ich habe eigentlich nie schlechte Erfahrungen gemacht, was so mein alltägliches Leben anbelangt. Nur in einem ganz bestimmten Punkt habe ich extrem schlechte Erfahrungen gemacht, das sind die Mädchen hier. Die wollen, das kann man drehen, wie man möchte, mit arabischen Männern, mit türkischen Männern und mit persischen Männern überhaupt nichts zu tun haben. Nicht einmal ein normales, freundliches, unverbindliches Gespräch ist da möglich; sie sind alle sofort alarmiert. Es wird so viel Propaganda betrieben gegen Männer aus der moslemischen Welt, wir werden dargestellt wie Tiere, wie Raubtiere, so als ob wir die Frauen hier überfallen und gleich in den Orient abschleppen würden. Das habe ich ganz merkwürdig gefunden, weil doch alle hier sehr aufgeklärt sind und einen ganz anderen Informationsstand haben sollten und anders denken sollten über diese Fragen. Wo es doch immer heißt, daß die Frauen, die Mädchen viel lockerer sind, alles viel leichter nehmen. Diese Feststellung fand ich überhaupt nicht bestätigt, ganz im Gegenteil, die sind absolut eng, ganz zu, ganz verschlossen, wenn sie auf einen von uns treffen.

Also die Sache mit den Frauen, die fällt mir schon schwer. Mit den Türkinnen hier ist es ja auch sehr kompliziert. Treffe ich mich mit einer Türkin, lade ich sie beispielsweise zum Tee ein oder am Nachmittag ins Kino, dann hat das ja gleich unglaubliche Bedeutung; es heißt dann, daß ich halb verlobt bin. Das kann ich mir eigentlich gar nicht erlauben. Ja, und mit wem soll ich mich dann unterhalten? In meinem Alter ist es doch völlig normal, daß ich auch das Bedürfnis habe, mit jungen Frauen und Mädchen Umgang zu haben.

Ich wohne in einem privaten Zimmer, in einem Untermietzimmer, mit eigener Küche und eigener Dusche, ich bin da ganz unabhängig. Die Vermieterin kommt nur einmal im Monat vorbei und holt sich die Miete ab. Ich könnte also jederzeit Besuch bekommen, keiner kümmert sich um mich. Tagsüber bin ich an der Universität, wo ich im Grunde ein sehr orientalisches Leben lebe, in einer Männergesellschaft, weil dort fast nur Männer sind. Ganz wenige Frauen lernen Hoch- und Tiefbau. Nachmittags zeichne ich Pläne in verschiedenen Kursen, abends gehe ich meistens in die Universitätsbibliothek und falle dann abends in der Regel todmüde ins Bett. Am Wochenende gehe ich öfter ins Kino, oft zwei-, dreimal. Ja, das ist so mein Alltag.

Jetzt muß ich fast schon dazu sagen, so ist er *gewesen*, bis zu dem Zeitpunkt, als meine Schwester nachgekommen ist. Das liegt jetzt schon einige Monate zurück, aber es ist ein absoluter Horror. Mein Vater ist mit ihr angereist, und die Idee ist, daß sie eine Ausbildung zur medizinisch-technischen Assistentin macht. Dagegen wäre ja überhaupt nichts einzuwenden, sie soll ja etwas lernen, ich bin dafür sehr aufgeschlossen, und ich finde ja auch, daß es den Frauen wie den Männern gehen soll, daß sie sich genauso bewähren sollen im Leben, daß es ihnen gutgehen soll und daß meine

Schwester nicht ganz abhängig sein soll von ihrer Schwiegerfamilie, in die sie einmal hineinheiratet. Aber hätte sie nicht auch alles zu Hause lernen können? Mein Vater mit dieser Besessenheit, mit dieser Idee, daß alles, was besser ist, alles, was gute Qualität hat, in Deutschland produziert wird, mein Vater hat sich von ihr einwickeln lassen, sie ist ja sein kleiner Liebling. Im Grunde hat sie von ihm schon immer alles haben können. Und da ich schon hier war, schon eine Wohnmöglichkeit habe, mich auch schon in der Stadt orientieren kann, Freunde habe, viele, viele türkische Freunde, eine Art Zuhause mir hier aufgebaut habe – was lag näher, als ihr diesen Wunsch doch zu erfüllen?

Meine Familie war nie besonders religiös und nie besonders fanatisch; auch von daher gab es also keine Bedenken. Im Grunde bin ich ja der zweitwichtigste Mann in der Familie, das nächste Familienoberhaupt, wenn es meinen Vater einmal nicht mehr gibt. Im Denken meines Vaters stand dem also nichts entgegen, daß ich jetzt die Verantwortung für meine Schwester übernehmen sollte. Wenn ich gewußt hätte, wie unregierbar meine Schwester ist und welche verheerenden Folgen der Aufenthalt für sie hier haben wird, dann hätte ich niemals eingewilligt.

Es hat damit angefangen, daß sie sich geweigert hat, sich ein bißchen in die türkische Gemeinschaft hier zu integrieren, die türkischen Frauen zu treffen, mit ihnen zusammenzusein. Sie hat gesagt, du suchst doch auch immer die Kontakte zu den Deutschen, ich will auch anständig Deutsch lernen. Wie soll ich die Aufnahmeprüfung sonst schaffen? Damit hat sie einerseits recht, andererseits ist das für ein Mädchen ja ganz anders. Ich kann sie doch nicht wild hier durch die Straßen laufen lassen, einfach so, und das hat sie getan. Sie ist einfach kreuz und quer durch die Straßen gegangen, hat sich alles angeschaut, stundenlang, tagelang, wochenlang; sie ist in ihre Kurse gegangen, hat irgendwelche Leute getroffen, ist am Abend meistens nie, wie vereinbart, um zehn Uhr nach Hause gekommen. Ich bin dann ganz panisch dagesessen und habe mir vorgestellt, was ihr alles passiert sein könnte: vergewaltigt an der U-Bahn-Station, in irgendeinem Park niedergeschlagen, ich weiß nicht was alles, oder, genauso schlimm im Grunde, händchenhaltend mit einem fremden Mann in einem dunklen Kinosaal.

Dann kam sie heim, und ich habe ihr Vorhaltungen gemacht, und sie, sie hat mich ausgelacht und mir die Zunge herausgestreckt; sie ist ja erst zwanzig. Ich glaube, daß sie jetzt sehr viel nachholt. Zu Hause hat es all diese Freiheiten nicht gegeben, immer war man unter Beobachtung, besonders die Mädchen. Das verstehe ich ja. Irgendwie war ich immer zerrissen, ich habe sie ja verstanden, ich habe sie sogar sehr gut verstanden, und eigentlich wollte ich es ihr auch ermöglichen, daß sie sehr gut Deutsch lernt.

Irgendwie kann ich nur hoffen, daß sie nie zu dieser Ausbildung, zu diesem Studium kommt, daß sie einfach nicht genommen wird. Es werden ja nicht alle genommen. Ich weiß nicht, ob sie das wirklich schaffen wird, es gibt ja da schon sehr viele, es ist überhaupt kein Mangel in diesem Bereich. Ich weiß es nicht, aber sie ist imstande und steckt dann doch ein bißchen zurück und wird halt Krankenschwester oder von mir aus Helferin in einem Spital.

Ich glaube, sie will einfach nicht mehr zurück in die Türkei, und dafür gibt es ja noch weitere Gründe. Mein Eindruck ist, daß es in ihrem Leben jetzt einen Mann gibt, jemanden, der ihr jetzt sehr wichtig ist. Sie stürzt auch immer so hektisch zum Telefon, sie ist ganz wild darauf, daß ich nicht ans Telefon gehe. Ich war aber ein paarmal am Telefon, und es hat sich eine Männerstimme gemeldet und nach ihr verlangt und sich einfach nicht vorgestellt. Er hat nicht gesagt, wer er ist, das ist doch ungeheuerlich. Er muß doch wissen, daß er mit ihrem Bruder spricht!

Ich habe sie dann zur Rede gestellt, und sie hat irgend etwas gesagt von irgendwelchen Mitstudenten. Aber um Himmels willen, dort sind doch keine Mitstudenten, dort sind doch alles Mädchen, wer soll das bloß sein? Sie sagte, es sei alles ganz harmlos. Sie will mich nicht beunruhigen. Denn wenn sie mir jemanden vorstellt, dann übernimmt der Verpflichtungen für sie, dann hat das eine Bedeutung. Aber sie kann mich doch nicht so im dunkeln lassen.

Ich weiß eigentlich gar keinen Ausweg. Ich habe das Gefühl, ich sitze hier auf einem Pulverfaß. Ich habe irgendwie manchmal das Gefühl, ich könnte gehenkt werden; es ist halt nur die Frage, wer ist der Henker und wer ist der Gehenkte, wird sie von mir gehenkt oder werde ich gehenkt. Wer wird hingerichtet am Ende? Das klingt alles furchtbar dramatisch und so nach Blutrache, so wie man sich die hinterste Türkei vielleicht vorstellt, aber ganz so von der Hand zu weisen ist das nicht. Ich habe eigentlich ein schlechtes Gefühl, ich habe ein ganz, ganz schlechtes Gefühl, am liebsten wäre mir, ich könnte sie einpacken und ins nächste Flugzeug setzen und wieder nach Hause schicken.

Ich glaube, daß das Leben hier für einen jungen Mann eine große Herausforderung ist, eigentlich schon fast mehr, als man schaffen kann. Es ist alles so wahnsinnig anders, obwohl wir Fernsehen haben, obwohl wir informiert sind, obwohl wir nicht wirklich in der Fremde sind, weil wir ja dieselben Waren kaufen können, dieselben Dinge lesen, weil wir uns alle sehr nahe sind, ob wir jetzt im Orient leben oder ob wir im Westen leben. Aber trotzdem, es ist etwas sehr Bedrohliches, etwas sehr Gefährliches, was für mich von hier ausgeht. Man ist hier mehr auf sich gestellt. Man muß wirklich seinen einsamen Kampf kämpfen, ist ganz allein. Das ist bei uns anders, es gibt immer die Gruppe, den Clan, man ist eingebettet. Aber gleichzeitig finde ich, daß das hier eine große Herausforderung ist, eine Herausforderung aber mehr für Männer, glaube ich. Ich glaube nicht, daß unsere Frauen dem gewachsen sind, was hier verlangt wird.

Man muß hier unheimlich stark sein, man muß sich durchsetzen, man muß vorsichtig sein, man muß ständig auf der Hut sein. Es gibt im Grunde kein Entweder-Oder. Es ist so, daß immer alles ganz klar sein muß, ganz eindeutig, es muß immer alles eine Richtung haben. Bei uns ist das anders, da gibt es viele Möglichkeiten, viele Auswege, viele Diskussionen. Ich glaube, daß es hier für Frauen auch sehr viel gefährlicher ist. Ich glaube, daß es Frauen hier im Grunde sehr viel schwerer haben als bei uns. Die Frauen hier sind so verantwortlich für sich selber, sie müssen schauen, wie sie weiterkommen, sie müssen sich ihr eigenes Leben bauen, sie müssen schauen, daß sie sich ihr Geld verdienen. Sie können sich eigentlich auf niemanden verlassen.

Die Vermieterin von meinem Zimmer beispielsweise ist geschieden. Sie ist erst 45 Jahre alt und hat drei Kinder. Für diese drei Kinder muß sie allein sorgen; ihr Mann, den kann sie vergessen, der ist irgendwo hingefahren und hat sich nie mehr gemeldet.

Natürlich bekommt sie Geld, es gibt verschiedene Stellen, aber in Wirklichkeit muß sie trotzdem für alles sorgen. Das mutet man den Frauen hier zu; bei uns sind die Frauen beschützter, sicherer.

Es gibt keinen Schutz. Auch für Männer herrscht hier ein sehr viel größerer Druck, tüchtig zu sein, immer in der ersten Reihe zu stehen. Ich habe schon das Gefühl, alles zu schaffen: Ich komme gut mit dem Studium zurecht und habe eigentlich keine Probleme. Warum ich trotzdem so negativ spreche, warum ich alles so kritisch sehe? Na ja, da muß ich jetzt ganz ehrlich sein, ich habe mich vor kurzem verliebt. Nicht in ein türkisches Mädchen – auch das wäre jetzt schlecht, ich brauche ja noch einige Jahre, um mein Studium hier abzuschließen –, nein, es ist ein Mädchen von hier. Ich kenne sie vom Studium, sie ist eine von den wenigen, die hier auch eingeschrieben sind, und sie ist wirklich sehr, sehr gut.

Am Anfang habe ich sie immer nur gebeten, mich ihre Zeichnungen anschauen zu lassen; sie war immer die Schnellste, sie hatte immer alles besonders gut beisammen. Ja, und so sind wir ins Reden gekommen, und einmal hat sie gesagt, warum gehst du nicht mit mir ins Restaurant, in die Mensa, da können wir das doch noch genauer durchschauen. Ich bin fast in Ohnmacht gefallen. Stellen Sie sich das vor, für mich, für einen jungen Türken, der einfach von einem Mädchen von hier aufgefordert wird, mit ihr in die Mensa zu gehen. Für Sie klingt das ganz normal, für mich war das eine Eröffnung, mich hat noch nie eine Frau oder ein Mädchen aufgefordert, mit ihr irgendwohin zu gehen.

Nun gut, wir saßen dort, haben unsere Pläne und unsere Zeichnungen durchgeschaut, haben alles verglichen und sind in eine intensive Diskussion gekommen. Nachher hat sie mich gefragt, wo ich herkomme und wie ich das alles hier finde, wie es mir gefällt, ob ich mich wohl fühle und was ich vermisse. Da habe ich ihr mein ganzes Leben erzählt: daß ich sehr beschützt aufgewachsen bin, daß ich eigentlich sehr zufrieden war, daß dann mein Vater die Idee hatte, mich nach Deutschland zu schicken, damit ich der beste Baumeister werde, daß ich dann sicher sehr viel bessere Chancen zu Hause hätte, daß meine Zukunft dann gesichert wäre – ich habe ihr das alles erzählt.

Ich habe ihr erzählt, wie schwer es mir gefallen ist, mich nach dem Tod meiner Mutter wieder zu orientieren, wie sehr sie mir fehlt und daß es unheimlich schwierig ist, darüber zu sprechen. Gefühle haben bei uns zwar einen sehr hohen Stellenwert, aber andererseits spricht man als Mann nicht darüber, was einem eine Frau bedeutet, wie sehr sie einem fehlt, selbst wenn es die eigene Mutter ist. Ich habe noch viele Wochen geweint, nachdem sie gestorben war. Ich war damals zwar immerhin schon sechzehn, im Grunde halb erwachsen, und trotzdem zerreißt es mir heute noch das Herz.

Als ich mit ihr darüber gesprochen habe, als ich ihr meine Mutter geschildert habe, wie sanft sie war, wie verständnisvoll, was für ein guter Mensch sie war, wie sie eigentlich immer zu uns gestanden hat und wie sehr mein Vater und sie sich verstanden haben, so daß ich mir immer dachte, so müßte man leben, so muß ein ideales Zusammenleben ausschauen, da sind mir erneut die Tränen gekommen. Man muß sich das vorstellen: Ich habe geweint vor ihr, und das beim ersten Zusammentreffen. So eine Gelegenheit, dachte ich mir, kommt nie wieder. Ich sitze mit ihr in der Mensa, und dann weine ich. Ich habe mich so geschämt. Ihr hat das aber gar nichts ausgemacht, ganz im Gegenteil, sie war sehr zuvorkommend, sie war sehr lieb. Sie hat meine Hand genommen und sie gestreichelt, das ist mir dann nahezu zuviel geworden. Ich habe mir gedacht, irgend etwas stimmt da nicht, das ist jetzt zuviel. Nein, sie ist aber so, sehr direkt, sehr impulsiv. Ich habe sie immer wieder gesehen und habe auch versucht, sie mal an einem Samstagnachmittag oder für einen Abend einzuladen. Dann war sie immer ein bißchen ausweichend, und irgendwann hat sie mir gesagt, daß sie mich sehr gern mag, aber daß sie mit mir keine Beziehung möchte. Ich war fassungslos, ich war so wütend, ich war so verletzt, ich wollte ihr ins Gesicht schlagen. Ich bin sehr froh, daß ich es nicht getan habe, aber am liebsten hätte ich sie mitten ins Gesicht geschlagen. Sie hat mir gesagt, daß sie lieber keine Beziehung mit mir wollte. Das war ja genau so, als ob sie schon wüßte, daß ich das von ihr will. Ich habe das gar nicht ausgesprochen, ich habe sie gar nicht gefragt, und sie hat mich schon zurückgestoßen, einfach zurückgestoßen.

Das geht einem Mann schon sehr, sehr nahe, das war eines meiner schlimmsten Erlebnisse hier. Ich habe es noch kaum verkraftet. Sie hat gesagt, daß sie meine Freundin sein will, ja, so ganz neutral, eben eine gute Freundin. Wir könnten miteinander arbeiten, wir könnten einander sehen, aber es sollte nicht mehr sein. Dabei hatte sie mir doch eindeutig zu verstehen gegeben, daß hier mehr sein könnte. Warum hört sie sich dann alles an von mir, warum interessiert sie sich für meine Mutter, für mein ganzes Leben, für meine ganze Geschichte? Warum bringt sie mich dazu, daß ich in Tränen ausbreche vor ihr? Das werde ich ihr nie verzeihen, ich kann sie nicht mehr sehen. Ich muß sie zwar immer wieder sehen, aber wenn ich sie treffe, dann schaue ich weg. Sie ist für mich nicht da.

Ich möchte schauen, daß ich so schnell als möglich alles hier fertigmache. Andererseits habe ich auch große Sorge, wieder zurückzugehen. Wie wird es dann dort sein? Ich bin ziemlich durcheinander. Wie wird das Leben für mich dann in der Türkei sein? Bestimmt werde ich dort einen sehr guten Posten bekommen mit einem Zertifikat von hier, ganz bestimmt. Das ist nicht das Problem. Aber sonst: Wie wird mein Leben ausschauen? Irgendwie habe ich das Gefühl, zwischen alle Fronten geraten zu sein.

Ich war ja schon nahe dran, mir ein Leben mit einer Frau hier vorzustellen. Wenn ich ehrlich bin, weiß ich auch nicht, ob ich mit einem türkischen Mädchen leben möchte, ob ich das noch kann, ob ich diesen Erwartungen gerecht werden kann, für sie alles zu sein, alles darzustellen, das ganze Leben. Ich weiß es nicht. Ich habe gesehen, wie viele Vorteile diese Art von Leben hier, diese Unabhängigkeit bringen kann. Es ist ja sicher auch sehr interessant, eine Frau zu haben, die sehr viel gelernt hat, die viel weiß vom Leben, mit der man wirklich reden kann, richtig reden, so wie ich es konnte mit Sabine.

Jetzt muß ich halt nur aufpassen, daß es meiner Schwester nicht auch so geht, daß sie nicht auch in so eine Situation hineinrutscht, wie sie mir passiert ist. Das könnte geschehen. Wenn ich nur an diese Anrufe denke und an ihr Wegbleiben und daß sie mir so wenig erzählt, dann bin ich zutiefst beunruhigt. Das wäre ganz schrecklich, das würde bedeuten, daß auch für mich alles aus ist, alles aus, jetzt, wo es gerade angefangen hat, wo alles wirklich gut funktioniert, wo ich so gut vorwärtskomme im Studium. Wenn aber irgend etwas nicht so funktioniert, wie sich meine Familie das vorstellt und wie es auch sein soll, hätte das zur Folge, daß hier das Leben für uns zu Ende ist, nicht nur für sie, sondern auch für mich, weil ich meiner Aufgabe nicht nachgekommen bin, sie zu behüten und zu beschützen. Das würde bedeuten, daß ich unglaubwürdig geworden bin, man würde mich sofort zurückholen, und es wäre alles aus.

Ich brauche ein bißchen mehr Distanz zu hier. Ich muß mir über sehr vieles klarwerden. Ich bin auch nicht mehr so jung, daß ich einfach dahinleben kann und abwarten, was mir das Schicksal so bringt. Nein, so gottergeben haben wir bei uns zu Hause auch nie gedacht. Wir haben immer gedacht, daß wir das Schicksal beeinflussen; ganz im Gegensatz zu vielen Familien, die uns umgeben haben, und vielen anderen Freunden. Nein, mein Vater war immer einer, der sehr stark sein Schicksal gelenkt hat und unseres auch, und das erwartet er auch von uns. Ich glaube, ich muß einen klareren Standpunkt finden.

Wenn mein Vater mich fragt, wie es mir geht, wie es mir gefällt, kann ich ihm gar nicht mehr richtig in die Augen schauen. Sage ich ihm, es ist gut, kommt es mir vor wie ein Verrat; sage ich ihm, es ist schlecht, dann macht er sich Sorgen. Und es stimmt auch nicht, vieles ist ja gut, vieles ist ja auch so, wie es sein sollte, wie es vielleicht auch bei uns sein sollte, ich weiß es nicht. Ich weiß nur, daß ich jetzt eigentlich sehr durcheinander bin, daß ich vieles nicht weiß und daß ich in den nächsten Monaten sehen muß, im nächsten Jahr, daß mir manches klarer wird, daß ich auch sehe, wie ich mein Leben plane, worauf ich hinarbeite.»

Mahmat und seine Schwester – eigentlich verkörpern diese beiden, an die wir rein zufällig im Zuge einer Serie von Interviews gerieten, in dramaturgischer Perfektion die Komplexitäten von Kultur, Generation und Geschlecht.

Mahmat ist jung, intelligent und der Sohn eines modern denkenden Vaters und einer früh verstorbenen und deshalb von allen Hinterbliebenen idealisierten Mutter. Der Auftrag, den er von zu Hause mitbekommen hat, ist ein moderner: Er soll im vielbewunderten Deutschland studieren und Fähigkeiten erwerben. Und weil die Familie so modern ist, wird auch dem ungewöhnlichen Wunsch der ältesten Tochter stattgegeben: Auch sie darf in Deutschland studieren.

Doch hier wird mit Spiegeln gearbeitet. Ülküm darf in Deutschland studieren, weil ihr Bruder, nach dem Vater das nächste Oberhaupt der Familie, sie in seinen Gewahrsam nehmen kann. Nur: Der Bruder hat nicht mehr die Autorität, die ein türkischer ältester Bruder ehemals über seine Schwester hatte. Er will sie gar nicht haben. Er will, daß sie sich den Normen gemäß benimmt, daß sie tugendhaft ist, abends nicht weggeht, ihre Freizeit mit türkischen Frauen verbringt. Aber wenn sie sich weigert, versteht er sie. Wenn sie seine Machtworte mit einem Lachen quittiert, ist er hilflos, aber seine Hilflosigkeit ist selbstverschuldet. Er könnte Macht haben, die alte traditionelle türkische Männermacht, die Schwester zu bestrafen, einzuschränken und einzusperren, aber die will er nicht. Er will auch nicht die Verantwortung, die mit dieser Macht einherging: die Verantwortung für ihr Verhalten, ihre Tugend. Nun findet er sich in der unbequemen Situation vor, sich von der Verantwortung nicht befreien zu können, doch nicht jene Macht zu besitzen, mit der diese Verantwortung implementiert werden sollte. Er ist auch nicht in der Lage, seine Verantwortung für die Schwester auf eine andere Basis zu stellen, zum Beispiel, indem er ihr als Vertrauter und Berater zur Seite stünde. Denn in sexuellen Dingen ist er genauso verwirrt wie sie, wenn auch seine Verwirrung sich auf eine andere, zumindest unmittelbar weniger verhängnisvolle Art äußert.

Ülküm, 20 Jahre alt, Schwester von Mahmat

Ülküm ist momentan in einer sehr aufgewühlten Verfassung. Es ist nicht ganz einfach, das Gespräch in einer klaren Reihenfolge zu führen, denn sie ist schwanger. Sie weiß nicht, ob ihr Freund, der Deutscher ist, sie heiraten wird, ob sie das überhaupt möchte und wie ihr Leben weitergehen soll.

«Ich bin jetzt erst seit einem knappen Jahr hier. Ich lerne Deutsch. Sie wissen ja schon von meinem Bruder, daß ich alles darangesetzt habe, hierherzukommen. Ich mußte meinem Vater versprechen, ein Engel zu sein, ein gutes Mädchen. Aber was habe ich jetzt getan?

Was habe ich bloß getan, ich weiß nicht mehr ein noch aus. Ich möchte meinem Leben ein Ende setzen, es ist alles so furchtbar, ich weiß gar nicht, was ich sagen soll, so furchtbar ist das alles. Es ist schrecklich, ich habe alle enttäuscht. Habe ich jetzt mein Leben ruiniert, wie soll es weitergehen? Ich weiß das alles nicht.

Ich bin in einer Situation aufgewachsen, in der man mir immer alles abgenommen hat. Im Grunde ist es mir wahnsinnig gut gegangen. Wenn ich jetzt zurückdenke, verstehe ich gar nicht mehr, warum ich eigentlich wegwollte. Obwohl, nein, das stimmt auch nicht, es war schon richtig, daß ich gegangen bin. Seitdem meine Mutter nicht mehr bei uns ist, ist alles anders geworden. Sie ist ganz plötzlich gestorben, keiner hat damit gerechnet. Seitdem lebt die Tante, eine entfernte Tante bei uns, und sie ist auch Vaters Freundin. Ich habe meinen Vater immer wahnsinnig geliebt, er war das Wichtigste in meinem Leben. Aber dann ist jemand anderes an diese Stelle getreten, an die Stelle, die eigentlich meine war, neben der Mutter. Dort ist jetzt sie, Tante Hafeza.

Nichts war mehr so, wie es einmal war. Ich wollte nur noch weg. Mein Bruder ist dann nach Deutschland gegangen, und ich habe schließlich meinen Vater dazu überreden können, nachzukommen. Er hat mir immer schon meine Wünsche erfüllt, aber irgendwie habe ich auch das Gefühl, daß er dem Druck meiner Tante erlegen ist: Eine weniger, es sind ja ohnehin noch zwei Schwestern von mir zu Hause. Ich glaube, ihr reicht das; sie hat selber auch Kinder, aber die sind schon erwachsen.

Ich wußte schon längere Zeit, daß ich irgendwie wegwollte. Und von dem Tag an, als mein Bruder nach Deutschland gefahren ist, habe ich ganz sorgfältig vorbereitet, daß auch ich diesen Sprung von zu Hause weg schaffen würde. Ich habe in einem relativ freien Klima gelebt, bin nicht so eingeschränkt worden wie viele andere Mädchen, wie viele meiner Freundinnen. Man hat nicht darauf geachtet, daß ich meinen Kopf bedecke, die ganzen Religionsvorschriften haben in unserer Familie nicht gegolten. Zu manchen Anlässen sind wir schon in die Moschee gegangen, aber ich hatte den Eindruck, das war mehr wegen der anderen Leute. Es war alles sehr frei bei uns.

Dann ist mein Vater mit mir nach Deutschland gefahren. Er hat mich bei meinem Bruder untergebracht und ist noch eine Woche hiergeblieben, um sich anzuschauen, welche Kurse ich besuche. Ich habe mich dabei ein wenig geniert, er hat sogar mit der Lehrerin gesprochen. Ich glaube, er wollte wissen, ob es eine Lehrerin oder ein Lehrer ist. Zu Hause bin ich in einer Mädchenschule unterrichtet worden und habe dort auch Abitur gemacht. Die Vorstellung, daß ich hier von Männern unterrichtet werden würde, war ihm nicht ganz geheuer. Als er gesehen hat, daß das nicht der Fall ist, ist er einigermaßen beruhigt wieder abgefahren. Mein Bruder ist auch sehr vernünftig, er genießt das Vertrauen meines Vaters. Irgendwann wird mein Bruder ja auch der Vorstand unserer Familie sein. Mein Vater hofft auch, daß er dann sein Unternehmen weiterführen kann, neben dem, was er noch selbst vorhat.

Hier ist alles sehr gut gelaufen: Ich habe schnell Freundschaften geschlossen, nette Freundinnen gefunden. Genauso wie mein Bruder habe ich mich bemüht, vor allem zu Deutschen, in meinem Fall zu deutschen Mädchen, Kontakt zu finden. Ich bin auch gleich überall eingeladen worden, alle waren sehr freundlich zu mir. Bei einer dieser Einladungen habe ich den Bruder einer Freundin kennengelernt. Er ist um einiges älter als ich, schon 30. Er hat ein eigenes Geschäft und ist viel auf Reisen. Wir haben uns immer nur zwischendurch gesehen, meistens am Wochenende. Er hat eine eigene Wohnung, aber ich habe mich sehr lange geweigert, dorthin zu gehen. Ich wollte, daß alles in ganz anständigen, geordneten Bahnen verläuft. Ich wollte meine Familie nicht enttäuschen, wollte auch keine Probleme mit meinem Bruder bekommen.

Aber irgendwann habe ich mich gefragt, warum ich nicht auch ein Leben führen sollte, das ganz normal ist, ein Leben, das alle Mädchen hier führen. Hier denkt keine darüber nach, was es bedeutet, wenn sie mit einem Mann zusammen ist, es ist einfach so. Es ist selbstverständlich, man ist nicht so mißtrauisch, nicht so getrennt voneinander. Anfangs sind wir am Nachmittag zusammen ins Café gegangen, er hat mich zu Spaziergängen eingeladen, wir haben schöne Ausflüge gemacht. Es waren immer andere Leute dabei, zum Beispiel seine Schwester. Sie hat uns sehr oft geneckt, sie meinte, wir hätten eine Schwäche füreinander. Sie hat gelacht: ‹Jaja, das ist die deutsch-türkische Freundschaft.›

Ich muß zugeben, daß es für mich schon mehr war als eine einfache Freundschaft. Es war so, daß ich sehr bald eine richtige Schwäche für ihn entwickelte, ich habe mich richtig in ihn verliebt. Das war das erste Mal in meinem Leben. Ich glaube auch, daß eine Frau sich nur einmal im Leben richtig verlieben kann, es ist ein so starkes Gefühl, es ist so stark. Ich glaube nicht, daß man das noch ein zweites Mal erleben kann. Nun gut, ich habe mir gedacht, er ist so rücksichtsvoll, so einfühlsam, so wie ich mir meinen Mann immer vorgestellt habe – warum soll ich also mißtrauisch ihm gegenüber sein? Wenn ich dann hier die Zeitungen gelesen, mich umgeschaut habe, sah ich, daß es ganz normal ist, wenn Männer und Frauen miteinander Umgang haben, daß dieser Umgang eben auch sehr weit geht und daß das auch in Ordnung ist. Ich habe nichts Schlechtes darin sehen können. Wir sind dann immer öfter zusammengewesen, und ich bin auch zu ihm nach Hause gegangen. Wir haben Platten gehört, er hat etwas gekocht, wir haben es immer sehr schön gehabt. Dazwischen war er viel weg, und dieses Kommen und Gehen von ihm hat meine Gefühle natürlich immer sehr aufgewühlt. Ich habe meine Schularbeiten schon etwas vernachlässigt; meinen Kurs habe ich immer versäumt, wenn er da war. Ich habe mir dann gedacht, mit ihm rede ich ja eh deutsch, was lerne ich schon mehr im Kurs, höchstens Grammatik. Wir reden ja schließlich ununterbrochen. Er hat mir viel erzählt, und ich habe ihm von zu Hause erzählt. Er hat immer gesagt, ich solle ihm eine von diesen Tausendundeine-Nacht-Geschichten erzählen. Das hat mir weniger gefallen, weil ich immer das Gefühl hatte, daß er mich damit auf etwas festnagelt, was nicht meinem Leben entspricht. Ich habe zu Hause auch nicht sehr viel anders gelebt, nur daß es nicht so frei war. Aber im Grunde war alles wie hier: Ich bin in die Schule gegangen, bin zu Hause gewesen, habe mich unterhalten, bin ins Kino gegangen, fast wie hier. Aber für ihn hatte das alles irgendwie einen Zauber. Ich habe auch gemerkt, daß ich gar nicht daran rütteln sollte, daß ich ihm das lassen sollte, weil es ihm gefällt, weil ich dadurch für ihn etwas ganz Besonderes bin.

Schwierig war die Situation mit meinem Bruder, vor allem, wenn ich abends weggegangen bin. Er war so mißtrauisch. Einmal ist er mir sogar nachgegangen und hätte beinahe die Adresse von meinem Freund herausgefunden. Die Konfrontation zwischen den beiden konnte ich mir einfach nicht vorstellen. Wie hätte das ausgeschaut? Mahmat hätte ihn herausfordernd gefragt, was er mit mir vorhat. Ich hätte nicht gewollt, daß das passiert.

Inzwischen bin ich wohl aber selbst an dem Punkt, an dem ich das gerne wissen möchte, wie er sich das mit uns vorstellt, aber ich kann ihn ja nicht fragen, ich kann jetzt auch nicht meinen Bruder vorschicken. Es würde am Ende noch zu einer gewalttätigen Szene kommen. Unsere Männer sind zu sehr viel imstande, besonders, wenn sie sich verletzt fühlen, wenn sie sich gekränkt fühlen oder meinen, daß ihre Frauen in Gefahr sind und beschützt werden müssen. Da kann es ganz fürchterlich zugehen. Ich habe schon schreckliche Szenen in meinem Umfeld erlebt, in denen es nur ums ‹Händchenhalten› gegangen ist. Kann man sich das vorstellen? Da hat es dann Schläge für das Mädchen gegeben. Für den jungen

Burschen ist das weniger schrecklich, von ihm nimmt man ja an, daß er ‹unterwegs› ist und Abenteuer hat.

Aber trotzdem, ihn trifft der Bann der Familie auch. Man muß es geschickter, heimlicher machen. Das ist bei uns überhaupt nicht richtig, finde ich, es ist alles so verlogen. Im Grunde gibt es das nicht mehr, daß alles von den Familien ausgehandelt wird. Die meisten lassen sich das gar nicht mehr gefallen, doch wie soll man dann zueinanderfinden, sich kennenlernen?

Nun gut, meinen Freund habe ich halt kennengelernt, und was weiß ich von ihm? Ich weiß eigentlich nicht sehr viel. Ich weiß nur, daß ich jetzt schwanger bin.

Im Herbst könnte ich anfangen, meine Ausbildung zu machen. Ich bin ganz sicher, wenn ich jetzt intensiv lerne, werde ich es sicher schaffen, werden sie mich nehmen. Mein Deutsch ist gar nicht schlecht. Ich spreche vielleicht einfache Sätze, aber ich glaube, ich kann alles verstehen und kann damit gut lernen. Ich habe das alles ein bißchen vernachlässigt – ich weiß nicht, ob das jetzt die große Reue ist, das glaube ich aber nicht. Ich weiß nur, ich bin so durcheinander. Selbst wenn er jetzt sagen würde: ‹Komm, wir heiraten, du wirst meine Frau›, wüßte ich es nicht. Er weiß aber noch nichts davon, daß ich schwanger bin. Er ist schon länger unterwegs auf Geschäftsreise.

Ich selber bin auch nicht gleich darauf gekommen, ich habe es zwei Monate überhaupt nicht gemerkt. Ich bin da nicht so ordentlich, es gab nie einen Grund, mir irgendein Datum aufzuschreiben. Ich habe ihm ganz vertraut, er ist ja so erfahren, er kommt in der Welt herum, er weiß alles. Ich habe mir gedacht, ich lege das ganz in seine Hand. Ich hätte mich ja nie getraut zu fragen, wie wir das machen, niemals hätte ich darüber sprechen können.

Das alles war für mich ohnehin furchtbar aufregend und irgendwie auch ganz schrecklich. Ich hätte es gar nicht tun sollen. Im Grunde finde ich es auch nicht richtig, daß er mich, ein junges Mädchen, in eine solche Situation gebracht hat. Einem Mädchen von hier, aus dem Westen, wäre das gar nicht passiert. Die sind alle viel selbständiger, viel selbstsicherer; sie gehen ihren Weg, und ich glaube, sie hätten auch ganz genau gewußt, wie sie das verhindern. Aber mit wem hätte ich reden sollen? Meine Freundinnen hier kenne ich noch nicht lange genug, die sind alle noch so neu. Ich hätte nicht gewußt, ob ich ihnen trauen kann. Manchmal spreche ich jetzt mit meiner Mutter, so als ob sie da wäre; in Wirklichkeit hätte ich natürlich niemals mit ihr darüber reden können. Sonst gibt es niemanden. Mit meinem Bruder? Ich kann mir überhaupt nicht vorstellen, daß ich etwas zu ihm sage. Ich weiß nur, daß jetzt sehr bald etwas passieren muß.

Nächste Woche, glaube ich, müßte mein Freund zurückkommen. Er hat eigentlich immer angerufen, bevor er zurückkam. Es ist merkwürdig, daß er sich noch nicht gemeldet hat. Ich muß verhindern, daß Mahmat irgend etwas erfährt, bevor ich eine Entscheidung getroffen habe. Wenn er es weiß, dann ist alles aus, ganz bestimmt, dann ist alles aus. Dann kann ich mein Leben vergessen, dann werde ich heimgeschickt, heimgeschickt und geköpft. Nein, nicht wirklich, so ist meine Familie nicht, aber mein Leben ist dann aus. Ich hätte dann Schande über meine ganze Familie gebracht, ich hätte alle entehrt.

Das ist hier sehr viel besser, das Leben ist nicht aus mit einem Kind. Viele Frauen leben hier so, das habe ich beobachtet. Niemand denkt, sie ist eine schlechte Frau, sie hat Schande über ihre Familie oder ihr Kind gebracht. Bei uns ist so ein Kind ausgestoßen. Nein, das kann ich mir nicht antun und auch nicht meiner Familie. Auch für meinen Bruder wäre dann alles aus. Wie soll er jemals eine Frau bei uns finden, wenn er eine Schwester hat, die er in der Fremde nicht gut behütet, die ein Kind nach Hause gebracht hat? Nein, nein, es ginge uns allen sehr schlecht, unausdenkbar. Ich würde so geschlagen werden, daß ich viele Monate lang gar nicht mehr aufstehen könnte. Ich muß einen anderen Weg finden. Das Kind nicht zu bekommen ist vielleicht gar nicht so schwierig; ich habe Freundinnen, die im Spital arbeiten. Ich habe mir auch schon überlegt, daß ich Krankenschwester werden möchte, wenn ich als MTA nicht genommen werde. Ich weiß, daß mir geholfen werden kann, aber ich muß vorher mit dem Mann reden. Ich muß ihn sehen, und ich muß es ihm sagen. Wir müssen darüber reden, wie dieses Leben ausschauen soll.

Schrecklich ist nur, daß ich gar nicht weiß, was ich wirklich will. Ich habe den Mann sehr gern, ich liebe ihn, aber für mich bedeutet das ja eine viel größere Entscheidung als für ein Mädchen von hier. Für mich bedeutet das, daß ich mein früheres Leben ganz aufgebe, daß ich ganz anders leben muß, daß von mir plötzlich sehr viel mehr verlangt wird. Dann muß ich ja so selbständig sein wie die Frauen hier, wovor ich große Angst habe. Dann muß ich für mich einstehen, denn irgendwann einmal wird es ihm nicht reichen, mich nur als eine Märchenfigur aus Tausendundeiner Nacht zu sehen, wie er so schön sagt. Irgendwann möchte er eine Frau haben, die so ist wie die Mädchen hier.

Ich denke, ich bin schrecklich erzogen worden. Was hat man uns beigebracht? Man hat uns beigebracht, immer zu gehorchen, immer das nachzusprechen, was einem vorgesagt wird. Das ist etwas, das hier überhaupt nicht gefragt ist, und irgendwie finde ich das auch nicht richtig. Obwohl, wenn es mir ganz schlecht geht, wie jetzt gerade, dann sehne ich mich zurück und denke mir, wie gut es mir doch vorher ergangen ist. Ich habe mich um nichts kümmern müssen, keiner hat etwas von mir erwartet, alle haben nur erwartet, daß ich gut und ehrbar bin, daß ich keine Schande über meine Familie bringe. Und diese Erwartungen habe ich alle enttäuscht. Ich habe ihnen Schande gemacht, ich habe unser Leben zerstört.

Es gibt für mich kein Zurück mehr, und vielleicht ist das auch gut so. Vielleicht ist das jetzt eine Entscheidung, die ich selbst nie hätte treffen können. Vielleicht muß ich das Schicksal annehmen und so leben wie die Frauen hier. Ich sehe, daß es ein besseres Leben ist, ein Leben, das frei macht, das viel interessanter ist. Ich möchte auch nicht zu Hause sein und nur Kinder bekommen. Ich kann doch das Kind bekommen und trotzdem noch einen Beruf lernen, es ist alles noch möglich. Ich glaube, die Frauen hier wissen gar nicht, wie glücklich sie sind.

Auch wenn jetzt alles gut laufen sollte, wenn ich heiraten sollte, das Gespräch mit meinem Bruder stelle ich mir schrecklich vor. Ich glaube, ich kann sehr lange nicht mehr nach Hause fahren, ich glaube, ich kann meinem Bruder das alles nicht mitteilen, ich glaube, ich muß es meinem Vater verschweigen: Man muß das Alter des Kindes verschweigen, man muß den Zeitpunkt der Geburt verschieben. Ich weiß nicht mehr, was ich denken soll. Ich warte noch ein paar Tage, dann werde ich mich entscheiden.»

Obwohl sie schon zwanzig Jahre alt ist, ist Ülküm – wie ihr Bruder sehr treffend bemerkt hat – in vieler Hinsicht noch sehr kindlich. Sie streckt ihm – und stellvertretend den ganzen Vorschriften ihrer Herkunft – die Zunge heraus, eine äußerst unreife Reaktion, die letztendlich nur ihre Unfähigkeit zur Freiheit und Selbstverantwortung verrät. Sie trotzt den alten Regeln, ohne nachgedacht zu haben, und ist im Grunde noch ein kleines, abhängiges Kind.

In der Beziehung zu ihrem deutschen Freund hat sie einige wesentliche Problempunkte intellektuell richtig erfaßt. Gleichzeitig machen ihre Gefühlsverwirrungen und ihre höchstpersönliche «Agenda» es ihr schwer, ihre Intelligenz walten zu lassen. Ülküm hat bemerkt, daß dieser Mann in ihr das Phantasiebild einer türkischen Frau sieht, daß er sich mit ihr als echter Person gar nicht so sehr auseinandersetzen will und daß es seinen Gefühlen abträglich wäre, wenn sie dieser Zuweisung in die Exotik widersprechen würde. Es ist ihr auch bewußt, daß sie im Grunde genommen sehr wenig über ihn weiß.

Auch ihrerseits hat Ülküm ein Phantasiebild von diesem Mann entworfen: Sie hat ihm die Rolle ihrer «großen Liebe» zugewiesen, obwohl der Rest ihrer Ausführungen nicht zu dieser Benennung paßt. Sie gibt ihm nicht einmal einen Namen und nennt ihn auch nicht «mein Freund»; er ist «der Deutsche» oder «der Mann», man erfährt nichts über ihn oder seine Eigenschaften. Eher scheint er einfach auserwählt worden zu sein, Ülküms persönliche Rebellion gegen die Tugendvorstellungen ihrer Erziehung verwirklichen zu helfen. Dabei wurde über das Ziel hinausgeschossen. Aber aus welchem Grund? War es Ülküms Schüchternheit, ihre Passivität und ihr erlerntes Vertrauen in die Verantwortlichkeit des Mannes, das sie so sorglos jeglichen Gedanken an Empfängnisverhütung vergessen ließ? Das scheint, wenn man die Tragweite einer ungeplanten Schwangerschaft in ihrer Kultur betrachtet, kaum möglich. Hat sie es, zumindest unbewußt, absichtlich so weit kommen lassen, um ihre Brücken in die Heimat wirklich restlos zu verbrennen? Man könnte vermuten, daß sie damit ein westliches Schicksal durch Ehe für sich erreichen wollte, aber Ülküm scheint nicht wirklich ernsthaft damit zu kalkulieren, daß «der Mann» sie heiratet. Fast könnte man die abenteuerliche Interpretation wagen, daß Ülküm – wie das Kaninchen, das, vom Scheinwerferlicht geblendet, direkt in das Auto läuft, statt an den Straßenrand zu fliehen – von den traditionellen Ängsten so sehr paralysiert ist, daß sie direkt auf die Klischeekrise zusteuert. Wenn ein islamisches Mädchen in den wilden Westen kommt, wenn es dort nicht sorgfältig beaufsichtigt wird, dann wird es einen westlichen Freund haben, mit ihm schlafen und womöglich schwanger werden – dem stereotypen Schreckbild traditionell denkender Eltern hat Ülküm entsprochen, fast so, als ob das ihr spezieller Auftrag gewesen wäre.

Während ihr Bruder die Ambitionen seiner Familie verwirklicht, gut lernt und mit exzellenten deutschen Qualifikationen heimkehren wird, verwirklicht Ülküm die Angstträume der Familie. Familientherapeuten könnten sich alle Beteiligten genauer ansehen und hier bestimmt viele Muster ausmachen. Wir aber müssen uns mit einer kulturellen Analyse begnügen: Ülküm tut das, was ihre Erziehung, ihre Familie und ihre Umwelt absolut verhindern wollten, was man ihr aber durchaus zugetraut hat. In Ülküm wurde nie Vertrauen gesetzt, niemand hat je gefunden, daß sie verantwortlich oder gewissenhaft sein sollte. Solche Aufträge wurden nur an den Bruder erteilt. Und Ülküm? Sie hat rebelliert, in der Art und Weise, mit der sie ihre Familie und ihre Tradition am härtesten treffen kann, hat damit aber letztlich nur das Bild bestätigt, das ihre Kultur von ihr hatte: Sie hat sich als der Freiheit unwürdig erwiesen.

Iran

Alpträume aus «Tausendundeiner Nacht»

Die eigentümliche Faszinationskraft des islamischen Fundamentalismus, sein abschreckend-anziehender Reiz ist mehr als pure Sensationslust. In der Auseinandersetzung mit der «Gegenwelt» Iran befassen wir uns zugleich mit Aspekten unserer eigenen Kultur: mit der Freiheit, der Gleichberechtigung, dem Recht auf Selbstbestimmung, dem Individualismus. An diese Werte glauben wir zwar, aber es ist nicht immer leicht, mit ihnen zu leben. Doch die vermeintliche Idylle einer festen Ordnung ist mehr als trügerisch. Frauen aus dem Iran wissen davon ein leidvolles Lied zu singen: Zeugnisse eines verlorenen Lebens.

Unsere Faszination mit dem Iran, mit dem islamischen Fundamentalismus, hat viele Wurzeln. Sensationslust gehört zweifellos dazu und auch ein bißchen Ethnozentrik: Es ist immer schön, seine Vorurteile bestätigt zu sehen, und das Schauspiel einer exotischen Fremde ist stets spannend.

Aber faszinierend ist der Iran auch deshalb, weil er mit uns zu tun hat, auf eine komplexe, verquere Art, weil er in so vieler Hinsicht der Anti-Pol zu unserer Welt ist. Wir leiden mitunter an unserer zu großen Entscheidungsfreiheit, an dem ständigen Anspruch der Gleichheit, an der Schwierigkeit, ohne sehr viele Vorgaben unsere eigenen Wünsche und Impulse entweder auszuleben oder freiwillig einzubremsen. Dem steht ein Land gegenüber, in dem es keinen Entscheidungsfreiraum gibt: Nicht einmal eine Haarsträhne darf sich von ihrem vorgeschriebenen Platz unter dem Kopftuch verirren, die Kleider müssen millimetergenau den sittlichen Vorstellungen entsprechen, die wichtigsten Lebensentscheidungen werden einem vorgegeben – man geht, spricht, kleidet und verheiratet sich nach Anweisung. Freiräume gibt es nicht, schon das Tragen von Nagellack kann bestraft werden.

Dieser Kontrast zu unserer eigenen Welt fasziniert deshalb, weil er Ablehnung, bruchstückhaft aber auch Zustimmung in uns hervorruft. Und weil der Widerspruch zwischen diesen beiden Reaktionen für uns letztlich leicht auflösbar bleibt, weil es dort *so* extrem und *so* abschreckend ist, daß wir uns unschwer mit unserer eigenen Situation, trotz aller Probleme, versöhnt fühlen. Vielleicht ist unsere sexuelle Freizügigkeit ja zu weit gegangen – aber das Steinigen von Ehebrechern können wir uns auch nicht mehr als Alternative herbeiwünschen. Vielleicht sind die Menschen in unserem Land zu isoliert – aber zur fanatisch tobenden Masse, die dort statt dessen einträchtig durch die Straßen zieht, wollen wir auch nicht gehören, ebensowenig wie zur Großfamilie, die tyrannisch ihre Mitglieder verwaltet.

Und trotzdem bleiben Fragmente, die uns gefallen. Eine Gesellschaft, in der die Jugend dem Alter, die Frauen den Männern Respekt zollen, einfach so, statt von ihren Rechten zu sprechen, in der nicht ein Chaos von Freiheit, sondern eine präzise, bis ins kleinste Lebensdetail gehende Ordnung vorherrscht, das kann auch attraktiv klingen, weil es unseren eigenen inneren Widerstreit freilegt.

Durch die Auseinandersetzung mit diesem kulturellen «Gegenüber» befassen wir uns mit Aspekten unserer eigenen Kultur, mit denen wir selbst nicht ganz in Einklang stehen, die aber zu unseren wichtigsten Werten gehören: mit der Freiheit, dem Recht auf Selbstbestimmung, dem Individualismus, der Gleichberechtigung. An diese Werte glauben wir zwar, aber es ist nicht unbedingt bequem, mit ihnen zu leben. Im einzelnen Entscheidungsfall des individuellen Menschen ist oft auch gar nicht klar, wie sie umzusetzen sind. Das Beispiel einer sehr entgegengesetzten Kultur erlaubt es uns, dem Übermaß an Freiheit wenigstens als Gedankenspiel zu entkommen – und uns gleichzeitig selber zu bestätigen, daß diese Unfreiheit keine Alternative für uns wäre. Je klarer die Linien, desto leichter dieser Entschluß. Deshalb sind Länder wie der fundamentalistische Iran spannender als zum Beispiel Ägypten, wo die Diskussion nuancenreicher ausfallen müßte.

Jasmin ist 32, sieht aber viel jünger aus, wie ein ganz junges, schüchternes Mädchen eigentlich. Ihr Vater ist Beamter, an religiösen Fragen nicht interessiert; ihre Mutter ist gläubig.

«Das Klima in meiner Familie war sehr liberal. Ich hätte schon mit 15 einen Freund nach Hause bringen können. Meine Eltern erlaubten mir viel, allerdings in dem sicheren Bewußtsein, daß ich es nicht tun würde, auch wenn sie es erlauben. Ich habe auch wirklich nie von potentiellen Freiheiten Gebrauch gemacht. Meine Eltern legten großen Wert auf meine schulische Entwicklung. Ich sollte unbedingt studieren und mir danach meinen Mann selbst aussuchen. Aber es sollte alles anders kommen. Als ich das Abitur machte, brach die Revolution aus, und für mich begann eine Zeit intensiver politischer Aktivitäten.

Mein Vater war immer gegen den Schah gewesen, aber mein eigenes Interesse für Politik begann erst mit der Revolution. Anfangs ging ich mit Freundinnen zu Demos, nach kurzer Zeit schloß ich mich schon den Mudschahedin an, der größten Oppositionsgruppe. Unser Ziel war: Der Schah sollte gehen. Viele Frauen waren bei den Demonstrationen, aber sie haben nicht für Khomeini demonstriert, sondern für die Idee der Freiheit.

Die ersten Mitteilungen von Khomeini aus dem Exil klangen noch positiv. Er wollte gar nicht an die Regierung, er wollte nur den Schah stürzen. Alles, was aus Paris kam, klang ganz vernünftig. Seine Botschaft an die Frauen war, sie könnten frei entscheiden, ob sie den Tschador wollten oder nicht.

Doch als Khomeini dann kam, wiederholte er bald alles, was der Schah getan hatte. Man durfte nicht mehr offen reden, er ließ Leute auf der Straße schlagen. Er war so fanatisch für die islamische Kleidung, wie der Schah dagegen war. Aber Zwang ist Zwang.

Die Mudschahedin begannen, sich gegen Khomeini zu formieren. Meine Eltern hatten wahnsinnige Angst um mich, wie die Eltern aller politisch aktiven Kinder. Ich machte einen politischen Schulungskurs. Eines Tages fragte mich eine gute Freundin, ob ich mir vorstellen könnte, den Lehrer aus diesem Kurs zu heiraten. Ich war damals so absorbiert von den Geschehnissen, daß ich nur sehr vage wußte, wie der überhaupt aussah. Sie arrangierte ein Treffen mit ihm, denn bei uns würde kein religiöser Mann direkt mit einem so vertraulichen Vorhaben an ein Mädchen herantreten. Wir haben uns gut verstanden und haben geheiratet.

Meine Ehe war so kurz (weint). Unsere Beziehung war immer gut, weil wir so viel Gemeinsames hatten; die üblichen Konflikte fielen weg, die sonst vielleicht das Zusammenleben von Eheleuten ausmachen, weil sie in unserer Situation zu banal gewesen wären. Wir waren eine Einheit, ich dachte immer, ich bin er, und er ist ich. Ich lebte ständig mit dem Gefühl der Angst, der Ahnung, daß sie ihn eines Tages kriegen würden.

Der Tag seiner Festnahme verlief wie jeder andere, nur daß er zur gewohnten Zeit nicht heimkam. Schließlich erfuhr ich von Freunden, daß er auf der Straße angehalten und mitgenommen worden war. Ich ging zu meinen Eltern, aber es war zu gefährlich, in ihrem Haus zu bleiben. Meine Mutter wollte mich nicht allein lassen, und wir versteckten uns gemeinsam an ständig wechselnden Orten. Das sollte für Jahre unser Leben werden.

Dreizehn Tage nach der Verhaftung hat man meinen Mann hingerichtet. In der Nacht der Exekution habe ich von ihm geträumt. Er sagte: Ich gehe fort und werde nicht wiederkommen. Ich stand auf, weckte meine Mutter und redete mit ihr.

Im Fernsehen wurde täglich die Liste der Hingerichteten verlautbart. Am Tag nach meinem Traum war sein Name dabei. Für mich begannen die Jahre im Untergrund. Meine Mutter lebte nur für ein einziges Ziel, ich sollte gerettet werden. Wir wechselten ständig die Wohnung. In all den Jahren hat sie nur zweimal die Möglichkeit gehabt, die restliche Familie zu sehen. Es war für mich ein furchtbarer Druck, zu wissen, daß die ganze Familie das für mich durchstehen muß.

Die Jahre 1981 und 1982 waren die Höhepunkte des staatlichen Terrors, danach gab es weniger Hinrichtungen, es wurde ruhiger. Ich wollte versuchen, wieder ein normales Leben zu beginnen. Ich kehrte ins Haus meiner Eltern zurück, lebte dort sehr ruhig und immer noch halb versteckt. Dennoch sind sie dann gekommen und holten mich. Ich sollte gestehen, daß ich Bomben gelegt hatte, ich sollte die Namen der anderen Gruppenmitglieder von damals nennen. Die monotone Aufforderung lautete: ‹Gestehe, wir wissen, daß du noch immer gegen uns bist.› Dann folgte die Anschuldigung: ‹Dein Mann und du, ihr wart ein Liebespaar.› Das war mir zuviel. Ich schrie: ‹Na und, ist das vielleicht unislamisch, den eigenen Mann zu lieben!› Daraufhin wurde ich als Hure beschimpft und noch mehr geschlagen.

Auch diese Schläge durch männliche Wärter waren ein Verstoß gegen den Islam. Sie haben mir Tritte gegeben auf den Bauch, die Brust, den Kopf, überallhin. Ein Mann dürfte eine fremde Frau aber gar nicht berühren. Dabei weiß ich, daß es anderen Frauen viel schlimmer erging. In meinem Fall eskalierten die Brutalitäten nicht, weil meine Familie sich sehr engagierte und mein Bruder gute Kontakte hatte.

Eines Tages wurde ich dann zu einer Verhandlung geführt. Es war nur ein Mullah anwesend, der nach wenigen Minuten verkündete, ich sei nun frei. Trotzdem war es mir nach alldem nicht möglich, weiter in Persien zu bleiben. Ich hatte eine Schwester in Europa, und ich wollte unbedingt zu ihr. Ich konnte den Iran nicht mehr ertragen. Leute wurden hingerichtet, ja, aber schlimmer noch, andere Leute gingen hin, um dabei zuzuschauen.

Jetzt bin ich seit ein paar Monaten hier. Wie ich mich eingelebt habe? Für mich kann es keine Schwierigkeiten mehr geben nach all dem, was ich erlebt habe. Das größte Glück für mich hier ist, daß ich keinem *Pasdar* auf der Straße begegnen kann. Meine ständigen Kopfschmerzen, aber auch meine Vergangenheit und meine Wünsche für die Zukunft, das alles habe ich in Persien gelassen. Hier lebe ich und denke an nichts weiter.»

Roxanna erzählt eine andere Geschichte:

«Ich bin in einer großen Familie aufgewachsen, mit drei Brüdern und drei Schwestern. Unser Vater war gläubig, ein *Basari*, aber nicht fanatisch. Nach sechs Jahren Grundschule ging ich zwei Jahre aufs Gymnasium. Mein Vater wollte aber nicht, daß ich einen Beruf erlerne, ich sollte heiraten. Als ich schließlich mit 17 gegen meinen Willen verheiratet wurde, fanden seine Freunde das ohnehin schon recht spät.

Außer zu meinen Brüdern hatte ich nie Kontakt zu Männern, nicht einmal zu unseren zahlreichen Cousins, wie es in liberaleren Familien möglich gewesen wäre. Ich war total desorientiert und hatte große Angst vor der Ehe. Seine Familie inszenierte ein erstes Treffen. Es war traumatisch, ich wickelte mich vollständig in einen dunklen Tschador und kam in den Raum, wo die beiden Familien sich versammelt hatten. Ich habe mich so geniert, daß ich den jungen Mann nur ein einziges Mal mit meinem Blick streifte. Ich sah einen Jüngling mit hochrotem Kopf, dem die Situation offenbar genauso peinlich war. Er blickte kein einziges Mal zu mir herüber.

Später erzählte er mir, er habe auch keine große Lust gehabt, verheiratet zu werden, aber er habe aus sexuellen Gründen zugestimmt. Als er am ganzen Körper einen Ausschlag bekam, ging er zum Arzt. Dieser meinte, es sei die beste Therapie, wenn er heiratet und sexuell befriedigt ist.

Ich habe mit meiner Mutter gesprochen und ihr erklärt, daß ich lieber mit einem moderneren Mann verheiratet wäre als mit einem Mann vom Basar. Zur selben Zeit hatte auch ein Ingenieur um meine Hand angehalten. Doch mein Vater wehrte ab, der habe doch nur Papiere und Schriften, aber kein Geld. Papiere sind kein Kapital, sagte er. Diesen Mann habe ich nie gesehen, ich weiß also nicht, ob er mir besser gefallen hätte, ob ich mit ihm glücklicher gewesen wäre. Die Verhandlungen liefen nur über die Familie. Solange keine Übereinkunft erzielt wurde, durfte man den Mann nicht sehen. Das Treffen mit meinem späteren Mann kam auch erst zustande, als die Heirat bereits beschlossen war.

Ich habe dann also den *Basari* geheiratet. Anfangs lebten wir mit seiner Familie. Solange wir noch keine Kinder hatten, war alles in Ordnung, aber bald fing er an, streng zu werden. Er erlaubte mir nicht mehr, wegzugehen. Ich mußte über jeden Schritt Rechenschaft ablegen, den ich außer Haus tat. Er kritisierte mich ständig und in allem. Ich dachte mir, gut, das macht er nur aus Sorge wegen der Kinder, und so konnte ich es ertragen. Ich wurde sogar von meiner Schwiegermutter unterstützt, weil sie sein Verhalten auch oft zu blöd fand. Normalerweise sind in Persien die Mütter immer einverstanden mit dem, was ihre Söhne tun, und ich weiß, daß auch meine Schwiegermutter furchtbar verliebt war in ihren Ali. Aber trotzdem habe ich ihr manchmal schon richtig leid getan.

Nach einigen Jahren ist er beruflich nach Deutschland gegangen, und ich und die beiden Kinder gingen mit ihm. Es war furchtbar. Er hat gleich mit anderen Frauen angefangen und hat immer allen Leuten gegenüber behauptet, er sei gar nicht verheiratet. Wenn ich mich beschwerte, wurde er aggressiv, und schließlich hat er mich gegen meinen Willen zurück in den Iran geschickt. Dort war es schwer für mich, ich lebte bei seiner Familie und war total abhängig. Alles bezahlten seine Brüder. Ich merkte, daß mich die zwei Jahre in Deutschland mehr verändert hatten, als ich dachte. Ich konnte es nun nicht mehr ertragen, ständig von der Familie bewacht und beobachtet zu werden. Der Tratsch ist die größte Bedrohung im Leben von persischen Frauen. Die Familie war streng religiös, ich mußte schon vor Khomeini so sittenstreng leben, total verhüllt, als für andere Frauen noch eine größere Freiheit herrschte. Die Familie war so traditionell, daß sie von ihrer Tochter verlangten, sogar in der Mädchenschule den Tschador anzubehalten. Ich habe die kleine Nasrin beobachtet, wie sie sich mit ihrer Verhüllung und der großen Schultasche abmühte, wenn sie das Haus verließ.

Trotzdem war es letztlich schöner für mich, ohne meinen Mann bei seinen Eltern zu leben, als bei ihm zu sein. Sie waren in gewisser Hinsicht auch tolerant, niemand sagte etwas, wenn mein Tuch verrutschte. Sie haben mich akzeptiert und auf ihre Weise geachtet. Mein Mann war anders: Wenn ich zum Beispiel mit meinem Schwager redete, konnte es vorkommen, daß mein Mann anschließend durchdrehte, sobald wir allein in unserem Zimmer waren. Das war eine große Belastung für mich. Und derselbe Ehemann war in Deutschland um 180 Grad verdreht! Dort zwang er mich, in einem Badeanzug mit ihm baden zu gehen. Ich hatte mich noch nie so in der Öffentlichkeit gezeigt, das war bei uns undenkbar. Zu Hause hätte er mich, glaube ich, umgebracht, wenn ich so etwas getan hätte. Ich habe mich furchtbar geniert, es war eine Qual. Er hat es nur getan, weil er mich erniedrigen wollte, das hat er später auch zugegeben.

Es gab keine Liebe zwischen uns, nur Haßgefühle. Aber ich litt nicht so heftig, wie Sie sich das vielleicht vorstellen. So leben die meisten Frauen bei uns. Und alle sind gehorsam, vor allem wenn sie in der Familie des Mannes leben, weil man ständig Angst hat vor Streit. Als Frau wird man immer ruhiger und ruhiger, und irgendwann hat der Mann dann alles in der Hand.

Einmal versuchte ich, mit meinem Schwiegervater zu reden, in dem Jahr, als ich allein mit den Kindern dort lebte. Er hat mich zu trösten versucht. Auch er hätte nicht sehr gut mit seiner Frau zusammengepaßt, erzählte er mir; deshalb ginge er Zeitehen ein und habe oft zwei oder drei Frauen parallel in verschiedenen Wohnungen. Da wurde mir alles klar: Der Vater war das Vorbild. Ich wunderte mich nur, wie er es fertigbrachte, trotzdem mit meiner Schwiegermutter zwölf Kinder in die Welt zu setzen.

Ich habe aber auch nie verstanden, warum mein Mann ständig mit mir schlafen wollte, wo er doch immer sagte, er hätte mich gar nicht gewollt und mich nur auf Druck seiner Familie geheiratet. Wenn es gerade wieder aus war mit einer seiner Freundinnen, wollte er wieder mit mir Geschlechtsverkehr. Somit war ich immer bestens informiert über sein Liebesleben, aber es hat mich nicht sehr getroffen.

Die größte Überraschung für die Kinder, als wir nach Deutschland kamen – sie waren sechs und acht –, war, daß sich Männer und Frauen hier küssen. Meine kleine Tochter fragte mich einmal: Warum hat dich der Papa nie geküßt? Da mußte ich sehr weinen.

Ich ging dann später wieder nach Deutschland zurück. Meine Schwiegereltern haben mich diesbezüglich beeinflußt, und meine Kinder hingen sehr am Vater, sicher auch deshalb, weil ihre Großeltern ein ganz phantastisches Bild von ihm zeichneten. Ich ging also zurück, und nach wenigen Monaten waren wir geschieden. Mein Mann lebte bereits mit einer Deutschen.

Mittlerweile aber war die Revolution ausgebrochen, so daß ich nicht wußte, wo ich im Iran bleiben sollte. Zu meinen Eltern zurück führte kein Weg, das wollte ich ihnen nicht antun, als geschiedene Frau aufzutauchen. Diese Schande für die ganze Familie. Allein leben war nach der Revolution völlig undenkbar, also blieb ich in Deutschland.

Ich heiratete wieder und machte erneut einen großen Fehler, für den ich diesmal ganz allein verantwortlich bin. Mein jetziger Mann ist 22 Jahre älter als ich, er lebt schon seit dem Studium in Deutschland. Ich war mit seiner Frau befreundet, und er bewarb sich um mich, als er zum Witwer wurde. Ich machte einen großen Blödsinn mit dieser Heirat, aber ich kam mir total unsicher und einsam vor. Es war sicher keine wirkliche Liebe da, weder bei ihm noch bei mir. Er war froh, daß sich jemand um seine beiden Söhne kümmert. Ich wußte damals aber nicht, daß er von der ‹persischen Krankheit› befallen ist, der Spielleidenschaft. Er war finanziell schon in großer Gefahr, aber das wußte ich nicht.

Damals, als ich heiratete, lehnte ich alle Männer ab. Warum habe ich ihn bloß geheiratet? Ich wollte versorgt sein, und damit habe ich einen großen Fehler gemacht. Wenn ich mich beschwere, sagt mein Mann, könne ich ja jederzeit gehen. Wie lange ich es noch durchhalte, keine Ahnung. Finanziell bin ich total abhängig. Ich kann nichts, außer sticken und stricken.

Mein größter Fehler war, nochmals einen Perser zu heiraten, wo ich doch von klein auf wußte, wie unsere Männer sind. Unsere Kultur ist in diesem Punkt einfach schrecklich: Männer können prinzipiell tun, was sie wollen. Ein Mann hat immer Anlaß, stolz zu sein. Er kann mit Freundinnen auftreten, er kann tun, was er will. Die Frau dagegen ist in der unverfänglichsten Situation schon schlecht, sie ist einfach minderwertig. Ich finde es richtig, wie die Europäerinnen ihr Leben gestalten, daß sie einfach ein eigenes Leben führen. Sie haben recht, und wir sollten uns ein Beispiel an ihnen nehmen. Es ist ein Problem, daß viele Frauen bei uns die Männer noch unterstützen und auf die europäischen Frauen schimpfen, ohne zu merken, wie sie sich dabei selber schaden. Wenn eine Perserin mit einem Mann, der nicht ihr Ehemann ist, einfach zum Vergnügen spricht, ganz harmlos, nur um sich zu unterhalten, dann sind sogar ihre Kinder dagegen. Vor allem die Jungen, die leben vom Kindergarten an schon in dem Glauben, großartige Männer zu sein.

Die Kinder meines Mannes sind jedoch solidarisch mit mir, weil sie schon oft genug erleben mußten, wie schlecht er mich behandelt; er hat mich auch vor ihnen geohrfeigt. Meine Kinder haben mir sehr zugeredet, mich scheiden zu lassen, aber ich hänge so sehr an ihnen, sie sind mir ans Herz gewachsen wie meine eigenen. Seine Söhne würden nach der Trennung bei mir bleiben wollen, wir haben darüber gesprochen, sie wollen unbedingt. Im Prinzip wäre ihm das auch recht. Wer soll sich hier denn sonst um sie kümmern? Aber er will mir die Kinder aus Rachlust nicht lassen, er weiß, wie sehr ich leiden würde, wenn sie plötzlich weg wären, und welcher Horror es für mich wäre, wenn er sie in den Iran zurückschickte. So hat er nun alle Macht über mich, selbst um den Preis, daß er seine eigenen Kinder unglücklich macht. Ich sitze in der Falle.»

In diesem Interview werden einige der Stereotypen über das Leben in der traditionellen Gesellschaft differenziert und zurechtgerückt. Im Westen erfahre die Frau keine Achtung, sondern sei bloß Sexualobjekt, lautet zum Beispiel eine dieser stereotypen Anschuldigungen im Kulturdialog. Roxannas Erfahrungen zeigen, daß die entpersönlichte Partnerfindung in traditionellen Gesellschaften tendenziell aber noch stärker in diese Richtung geht. Was für eine sexuelle Beziehung ist das zwischen zwei Menschen, wenn der eine Partner hauptsächlich aus «medizinischen Gründen» an der Verbindung interessiert ist: weil sein Hautarzt meint, das würde seinem Ausschlag nützen. Nur die Philosophie, daß letztlich fast jede x-beliebige Frau den Zweck erfüllt, als Haushälterin und Sexualpartnerin nützlich zu sein, macht es jungen Männern möglich, widerstandslos die Brautwahl ihrer Eltern zu akzeptieren. Sie akzeptieren ein fremdes Mädchen, weil sie sowieso keine echte Partnerin erwarten. In einigen Fällen mag sich später eine echte Zuneigung und ein gegenseitiges menschliches Verstehen einstellen, aber in vielen Fällen bleibt die Gleichgültigkeit, und in manchen Fällen entsteht auch Abneigung oder sogar Haß. Roxanna jedenfalls ist für ihren ersten Mann nie mehr als ein Sexualobjekt gewesen, und nicht einmal sein bevorzugtes. Nur wenn andere Partnerinnen ausfielen, erinnerte er sich wieder an die Ehefrau. Auch ihr zweiter Mann heiratet sie allein wegen ihrer Nützlichkeit. Dieser brauchte nicht eine Frau als therapeutisches Mittel gegen Hautausschlag, sondern eine Mutter für seine zwei halbverwaisten Kinder. Auch Roxanna begab sich aus pragmatischen Gründen in diese zweite Ehe: Sie wollte materiell versorgt werden und in Deutschland nicht mehr einsam und allein sein.

Aber diese Pragmatik überfordert die Betroffenen. Kränkungen sind unvermeidlich, wenn die beiden über die reine Pragmatik nicht hinauskommen und keine zusätzliche Basis der gegenseitigen Achtung oder Zuneigung finden. Und diese Kränkung steigert sich oft zur Aggression. Denn im intimen Zusammenleben ist die Erwartung, der Partner oder die Partnerin solle einen nicht bloß benutzen, sondern auch mögen, kaum gänzlich auszublenden.

Eine weitere Klischeevorstellung, die von islamischen Apologeten vorgetragen und in pseudoliberalen westlichen Kreisen brav nachgebetet wird, ist diejenige, daß die Eltern und die Großfamilie bei einer arrangierten Ehe sorgfältig und besonnen wählen und die Erfolgsaussichten solcher Ehen daher recht gut seien. Die Interviews machen deutlich, wie die Realität aussieht. Es werden für die Töchter Partner gesucht, die dem Vater gefallen: weil sie als potentielle Geschäftspartner in Frage kommen, weil sie ebenso traditionell und religiös sind wie der Vater (aber nicht unbedingt wie die Tochter), weil man ihrer Familie eine Gefälligkeit schuldet und aus vielen anderen Gründen, die mit dem Glück des Mädchens oder der Verträglichkeit der potentiellen Ehepartner wenig zu tun haben. Im Zusammenleben stellt sich dann heraus, daß die Ehepartner vollkommen gegensätzliche politische Meinungen, ganz andere Lebensauffassungen, Charaktere und Erwartungen haben. In einer Extremsituation wie der islamischen Revolution zeigt sich das besonders drastisch: Da kann der Ehemann dann zu den *Pasdaran* gehen, während seine Frau eine Gegnerin Khomeinis ist. Und weil er sie nicht liebt, keine persönliche Beziehung zu ihr hat und sie nicht wirklich achtet, kann er sie ohne weiteres auch denunzieren oder seine Machtposition ausnützen, um ihr unter Drohungen die Kinder wegzunehmen.

Die stärkere Position hat in jedem Fall der Mann, auch wenn er nicht *Pasdar* ist. Wenn das Ehepaar bei seiner Familie lebt, sorgen schon die reinen Zahlenverhältnisse dafür, daß seine Frau sich anpassen muß: Sie ist allein, er und seine Leute sind in der Mehrheit. Das ist vor allem deshalb doppelt ungerecht, weil die mangelnde Übereinstimmung dem Mann relativ gleichgültig sein kann. Er kann seine eigenen Vorstellungen unbehelligt weiter ausleben. Seiner Frau aber kann er so gut wie alles verbieten, was ihm nicht gefällt, so daß eine mangelnde Übereinstimmung für sie die totale Beeinträchtigung ihres Lebens bedeutet. Für den Mann ist es vielleicht enttäuschend, wenn seine Ehefrau nicht seinen Vorstellungen entspricht, nicht seiner Meinung ist und ihm nicht so gut gefällt, wie er es sich in seinen Phantasien ausgemalt hat, aber sein Leben bleibt in weiten Teilen unberührt, und er kann seine Enttäuschung in Aggression umsetzen und die Partnerin dafür bestrafen. Die Frau aber darf nicht einmal mehr den Fuß auf die Straße setzen, wenn ein unliebsamer Partner es ihr verbietet. Sie muß seine Affären mit anderen Frauen ertragen und gleichzeitig seine Anschuldigungen und Verhöre über sich ergehen lassen, wenn sie selbst in irgendeiner unschuldigen Angelegenheit unerlaubt fünf Minuten zu lange ausgeblieben ist.

Der männlichen Autorität unterstehen bedeutet für viele Frauen eine Zermalmung zwischen den irrationalen Anforderungen unterschiedlicher Männer, die alle willkürlich in ihr Verhalten eingreifen dürfen.

Kandigul zum Beispiel kam aus einer streng religiösen Familie und ist auch selbst sehr gläubig. Die Eltern erlaubten ihr jedoch die Ausbildung zur Hebamme, einem Beruf, in dem sie nur mit Frauen und mit einer urweiblichen Angelegenheit zu tun hätte. Obwohl sie sich immer schon sehr sorgfältig und konservativ gekleidet hatte und ein Kopftuch trug, erlebte auch sie die neuen islamischen Kleiderregeln als Verschärfung. Denn erstens gingen sie jetzt über das Maß hinaus, das die Vernunft noch vertreten konnte. Und zweitens wurden sie mit Gewalt durchgesetzt und verursachten Angst. Wie die anderen Frauen im Krankenhaus mußte Kandigul Hosen tragen, Socken (und zwar nicht irgendwelche Socken, sondern dicke Wollsocken) sowie einen *Maghnaeh*, eine Variante des Tschadors, der in einem Stück ist und nicht festgehalten werden muß (weil sonst darin nicht gearbeitet werden kann). Aber die Verschärfung des Klimas betraf nicht nur Äußerlichkeiten wie die Kleidung, sie griff vor allem auch über auf das Arbeitsklima, auf die Interaktionen zwischen Menschen am Arbeitsplatz.

Krankenschwestern und Ärzte sollten nun nur noch miteinander sprechen, wenn das für den Ablauf der Arbeit absolut unvermeidbar war, und auch dann sollten sie nur das Nötigste sagen. Sich normal zu unterhalten oder gar zu lachen, wie es früher üblich war, das war nun streng verboten.

Ihrem Mann aber war sogar die Arbeit in dieser Kaserne der islamischen Moral schon zu gefährlich. Es war ihm nicht recht, daß Kandigul manchmal mit den Männern ihrer Patientinnen über intime Dinge sprechen mußte. Am meisten störte ihn, daß sie auch Atteste über die Jungfräulichkeit der Bräute anderer *Pasdaran* ausstellen mußte, denn dann mußte sie mit den Männern dieser Mädchen über sexuelle Details reden. Sie mußte ihnen zum Beispiel erklären, daß bei manchen Frauen aus physiologischen Gründen auch dann kein Blut fließt, wenn sie vor der Hochzeitsnacht unberührt waren. So geriet Kandigul in die Zwickmühle männlicher Anstandsregeln: In der Arbeit litt sie, weil sie Verhaltensanforderungen und Moralbegriffe zu starr und künstlich fand, ihr Mann aber wollte ihr sogar diese Arbeit verbieten, weil sie in seinen Augen schon zu unmoralisch war.

Aus einer anderen Perspektive, der Perspektive einer Fremden, schildert *Sarah* ihre Begegnung mit der iranischen Kultur.

«Ich habe meinen Mann in Berlin kennengelernt. Ich war 17 und hatte gerade mein Studium begonnen. Was mir an ihm gefiel – also erstens einmal gefiel mir, daß er ganz anders war als die Männer in meiner Familie. Ich liebte meinen Vater, aber mein Elternhaus war in der Tendenz faschistisch, und ich habe mich geistig schon sehr früh abgekoppelt von den sozialen Werten, die dort vertreten wurden. Mein Mann war ganz anders, schon äußerlich; er war einfach gar nicht germanisch. Dann war er, und das war aber ein Irrtum meinerseits, scheinbar tolerant. Zu spät bin ich drauf gekommen, daß diese Toleranz nur Gleichgültigkeit ist.

Wir waren vier Jahre zusammen, dann haben wir geheiratet. Meine Eltern, mein Bekanntenkreis, auch meine Freunde waren über diese Verbindung entsetzt. Sie haben mich gewarnt, sie haben dagegen angekämpft, was mich natürlich nur noch mehr in meiner Entschlossenheit bestärkte. Sie hatten in vielem nicht unrecht, aber ich war sehr jung und hatte keine Ahnung. Wenn ich heute an die Sprüche denke, die ich damals geklopft habe, wird mir ganz heiß. ‹Mit denen werd ich schon fertig›, hab ich verkündet, ohne eine Ahnung zu haben, was mich dort erwartete. Oder: ‹Die kochen auch nur mit Wasser›, das war auch so ein Spruch von mir. Ja, aber mit welchen Wässerchen die kochen...

Wir haben geheiratet, blieben aber weiterhin in Deutschland, bis unser zweites Kind schon drei Jahre alt war. Das war für mich auch eine sehr schwere Zeit aus persönlichen Gründen: Zuerst starb meine Mutter, ich hatte meinen sehr depressiven Vater zu betreuen, dann starb auch der Vater – das war eine schlimme Zeit. In diesen Jahren ist mein Mann geschäftlich sehr oft in den Iran gefahren, aber ich bin nur einmal mitgefahren. Wir haben bei den Schwiegereltern gewohnt, was gut war, da ich dann bei unserer endgültigen Übersiedlung wußte, daß wir unbedingt für uns allein wohnen mußten, und das gleich so organisieren konnte.

Rezas Familie hat mich gut aufgenommen, manche von ihnen haben mich sogar ganz außergewöhnlich herzlich aufgenommen. Es war eine große und sehr wohlhabende Familie, und ich war nicht die einzige ausländische Ehefrau. Da gab es noch eine Schweizerin, eine Engländerin und zwei Amerikanerinnen in der Familie, wobei jede von ihnen einen unterschiedlichen Weg wählte. Die Engländerin ist den Weg der größten Anpassung gegangen, ihre Kinder haben bis zu ihrem 18. Lebensjahr nicht einen einzigen englischen Satz gesprochen, sie hat mit ihnen ausschließlich persisch geredet. Bei mir war es anders, ich bin immer zweigleisig gefahren. Meine Kinder besuchten die deutsche Schule, und heute sind sie eindeutig Europäer. Gleichzeitig aber habe ich

Persien gesucht und es auch gefunden, wobei es ein anderes Persien als das meines Mannes war. Ich habe mir mein Persien erarbeitet, und was ich daran am meisten schätzte, waren zum Teil Dinge, die mein Mann nicht gekannt hat und die ihn nicht interessiert haben: die Kunst, die Geschichte. Von allen westlichen Frauen im Iran war ich vielleicht die härteste. Ich habe nach fünf Jahren mit seiner Familie gebrochen und mich nie mehr mit ihnen versöhnt, und ich kenne keine zweite Frau, die das mit dieser Konsequenz getan hätte. Daß man streitet, daß geschrien wird, auch daß man monatelang nicht miteinander spricht, das ist in Großfamilien vollkommen normal. Dann kommt das Neujahrsfest, *Noruz*, und irgendwelche Familienangehörigen, die mit dem Streit nichts zu tun hatten, fädeln eine Versöhnung ein. Bei mir war es auch so: Schon Stunden nach dem Eklat mit meiner Schwiegermutter und meiner Schwägerin stand die gesamte Dienerschaft der drei Tanten vor der Tür mit Körben voll von Obst und Blumen. ‹Wir haben uns schon gefragt, wie lange du dir das alles gefallen läßt›, haben sie gesagt und sich mit diesen Geschenken auf meine Seite geschlagen. Aber das wollte ich nicht. Das ist ein Spiel, und ich wollte es nicht spielen. Bei mir ist das so: Ich lasse mir sehr viel gefallen, ich verzeihe sehr viel und vergesse es dann auch, denn verzeihen ohne vergessen finde ich ungerecht. Aber irgendwann ist mein Vertrauen weg, und dann kommt es auch nicht wieder. Und so war es gegenüber Rezas Familie. Er mußte akzeptieren, daß ich zu ihnen keinerlei Kontakt mehr pflegen würde, und er hat es dann auch akzeptiert.

Der Konflikt zwischen meiner Schwiegermutter und mir ist sehr schwer zu erklären. Er setzte sich zusammen aus tausend kleinen Auseinandersetzungen, Beleidigungen und Kränkungen, die ich gar nicht erzählen will, weil sie für sich allein genommen so trivial klingen. Aber in der Summe waren sie unerträglich. Bestimmt hat mein Charakter dabei eine Rolle gespielt. Es heißt ja immer, daß diese Kulturen eine größere zwischenmenschliche Wärme ausstrahlen als unsere, und das stimmt auch. Was man zunächst empfindet, wenn man hinkommt, ist tatsächlich eine gewisse Wärme. Oft stellt sich heraus, daß das weitgehend Theater ist, aber nichtsdestoweniger wärmt sie einen zunächst – auch wenn man später dahinter viel Bösartigkeit entdeckt, viel Gehässigkeit und Kleinmut. Auch ich wurde mit großer Wärme aufgenommen, und diese Wärme hätte ich weiterhin haben können, wenn ich bereit gewesen wäre, den Rest in Kauf zu nehmen. Eine der Tanten, die mich mit der Schwiegermutter versöhnen wollte, hat dazu einen aufschlußreichen Satz gesprochen: ‹Sie werden es sich etwas kosten lassen›, hat sie gemeint, und das stimmte auch. Ich hätte, wäre ich so veranlagt gewesen, eine Menge bekommen können für meine Bereitschaft, mich zu versöhnen. Aber nach fünf Jahren war mir das Spiel zuwider. Diese Dampfkesselatmosphäre in der Großfamilie, die byzantinischen Komplotte und Verschwörungen – und ich übertreibe nicht, sogar ein Brudermord wurde in diesen fünf Jahren verübt und von der Familie vertuscht –, mir war es zuwider.

Ich hab mich dem entzogen. Komischerweise wollte auch mein Mann nie, daß ich mich vollends anpasse. Vielleicht hat er durch mich selbst ein Stück Rebellion ausgelebt. Aber die iranischen Frauen, die in dieser Atmosphäre aufwachsen, haben wenig Chancen, sich jemals zu entziehen. Emotional sind sie erpreßbar durch die Drohung, daß ihnen die Wärme der Familie entzogen wird. Auch vielen deutschen Frauen ging es so. Ich habe beobachtet, daß die Amerikanerinnen und die Französinnen besser damit umgehen konnten als die deutschen Frauen persischer Männer; irgendwie waren sie selbstbewußter. Die deutschen waren romantischer, die ließen sich da hineinfallen und wurden oft sehr unglücklich.

Die Beziehung zu meinem Mann war schwierig, wobei ich schon bald nach der Hochzeit merkte, daß wir charakterlich schlecht zusammenpaßten. Diese Probleme traten schon in Deutschland auf, sie hatten nichts zu tun mit meinem Leben im Iran. Mein Mann war sehr passiv, er hat nie eine Entscheidung getroffen, sondern sie immer den anderen überlassen. Und dann hat er sich quergelegt. Sicherlich sind nicht alle iranischen Männer so, und trotzdem hat diese Eigenschaft etwas mit der dortigen Erziehung zu tun und mit der Familienstruktur. Das war die Form, die Reza entwickelt hatte, um sich gegen die allumfassende Gewalt der Großfamilie zu wehren. Und es gibt viele persische Männer, die so sind wie er. Sie geben ihre Eigeninitiative auf, beugen sich dem Mehrheitsbeschluß, legen sich dann aber quer. Sie frustrieren die anderen durch ihre Teilnahmslosigkeit und Gleichgültigkeit.

Nachdem das Buch ‹Nicht ohne meine Tochter› erschienen ist, wurde ich ständig von allen Seiten darauf angesprochen. Ich habe mich lange dagegen gewehrt, es überhaupt zu lesen, aber irgendwann konnte ich dem nicht mehr ausweichen. ‹Kann so etwas wahr sein, ist es nicht sehr übertrieben?›, wollten die Leute von mir wissen. Und ich muß leider sagen, es ist zweifellos tendenziös, aber es ist ebenso zweifellos wahr. Es ist bestimmt genau so gewesen, wie diese Mahmoodi es beschreibt, denn ich habe genug ausländische Frauen im Iran gekannt, denen es haargenau so ergangen ist. Meine Situation war eine andere. Mein Mann war nicht gewalttätig. Es wäre in seiner Familie auch nicht geduldet worden, daß Frauen geschlagen werden. Ich habe die Khomeini-Ära nicht mehr mitbekommen, und ich war im Iran sehr frei. Ich hatte mein eigenes Auto, ich hatte ein Pferd, ich konnte mich frei bewegen, wobei ich meine eigenen Grenzen hatte und manche Dinge von mir aus nicht getan hätte: Zum Beispiel hätte ich meinen Mann nicht betrogen, obwohl das in iranischen Oberschichtkreisen zur Schah-Zeit nicht unüblich war. Was ich über den Iran berichten kann, sind viel subtilere Dinge. Zum Beispiel die psychische Inzucht – und auch die tatsächliche Inzucht –, die das Familienleben bestimmt. Die Beziehung der Männer zu ihren Müttern und Schwestern, die viel intimer und enger ist als die Beziehung zur Ehefrau.

Meine Erfahrungen lassen sich in drei Ratschlägen zusammenfassen, die ich jeder Europäerin mitgeben möchte, die einen Orientalen heiratet. Erstens: Übe niemals Selbstkritik. Zweitens: Mach dich nie klein. Und drittens: Investier nicht zuviel an Gefühl. Wenn sie diese drei Ratschläge beherzigt, kann die Beziehung vielleicht gutgehen. Wenn nicht, wird die Familie sie zermalmen, und sie wird sehr unglücklich sein. Die deutsche Frau ist besonders gefährdet, denn wie die Historiker schon feststellten, hat die Germanin um die Jahrhundertwende die Idee der Liebe entdeckt, und seither geht es ihr schlecht. Schon im innerdeutschen Bereich ist diese Idee verhängnisvoll, aber im außerdeutschen Bereich sind wir damit überhaupt die Blöden.»

West is best

Ein Schlußwort

Die in diesem Buch versammelten Zeugnisse stammen allesamt aus dem asiatischen Raum. Doch nicht die Geographie oder die kulturelle Zugehörigkeit sind dabei wirklich wichtig. Hier geht es um etwas anderes: um den Begriff der Verantwortung.

Frauen in vielen Teilen der Welt leben in einem Zustand der vollkommenen Rechtlosigkeit und Verrohung. Ihre Behandlung entbehrt jeder menschlichen Würde, jeden Anstands. Manchmal begründet oder rechtfertigt sich diese Behandlung mit der Berufung auf Tradition oder Sitte, aber es sind nicht die Tradition und die Sitte, die diese Handlungen ausführen, es sind Personen. Ganz konkrete, vierdimensionale, leibhaftige Menschen sind es, männliche Menschen, die als Vollstrecker der Gewalt auftreten und ihren Frauen, ihren Töchtern das Leben zur Hölle machen – sie einsperren, bedrohen, schlagen, töten.

Der Begriff der Betroffenheit hat inzwischen zwar sehr viel an Kontur gewonnen. Aber er ist nur die Hälfte der moralischen Rechnung. Auch wenn wir betroffen sind, fehlt uns noch immer die Verantwortung.

In den letzten zehn Jahren haben sich vermehrt und mit großem Mut die Opfer gemeldet. Das war notwendig, denn die Anonymität der Opfer machte die an ihnen begangenen Verbrechen vage und abstrakt. Und die Anonymität der Opfer wurde gewährleistet durch Scham. Das ist eine starke, eine sehr starke Barriere; es erfordert außergewöhnlichen Mut, um sich darüber hinwegzusetzen. Sehr viele Frauen haben in den letzten Jahren diesen Mut aufgebracht. Sie taten es, weil sie – in den einprägsamen Worten einer solchen Frau – erkannt hatten, daß die Gewalt erst aufhört, wenn jedes Opfer ein Gesicht bekommt und jeder Täter einen Namen, wenn jedes Opfer eine Stimme hat und mit dieser Stimme den Namen des Täters nennt.

Die Frauen, von denen in diesem Buch die Rede ist, haben keine oder nur eine sehr leise Stimme. Sie sind tot und können nicht mehr sprechen, oder man hat, wie eine afghanische Ärztin es formulierte, ihren Geist getötet; oder sie wurden bedroht und dürfen nichts sagen. Wir hoffen, daß sie in einigen der enthaltenen Berichte ein Gesicht bekommen haben. Aber selbst dann fehlt uns noch etwas. Denn diese Frauen sind nicht Opfer eines Erdbebens oder einer Dürre geworden, keine Lawine hat sie hinabgerissen, und kein Erdrutsch hat sie begraben. Männer haben ihnen das angetan, Männer haben dabei zugesehen, Männer haben billigend dazu genickt.

Die Verantwortung? In erster Linie fällt sie auf die Männer aus den beschriebenen Traditionskreisen. Niemand kann sie ihnen abnehmen, und der Freispruch, den ein falsch verstandener europäischer «Pluralismus» großzügig verkündet, ist ungültig.

In zweiter Linie trifft die Verantwortung aber auch uns, denen es bessergeht, die einen größeren Denk- und Handlungsspielraum haben, deren Werte eigentlich mit voller Eindeutigkeit die Verurteilung solcher Vorkommnisse und die schnellstmögliche Intervention im Interesse der Opfer verlangen.

Der «orientalische Mann» ist also keineswegs der einzige, der sein Gewissen prüfen sollte. Ist es Achtung oder Verachtung fremder Kulturen, wenn man ihre Fehler und Leiden unter dem Etikett der Toleranz mit Gleichgültigkeit hinnimmt? Wenn diese «Toleranz» vor allem das Leiden der Frauen betrifft, bei politischen Gefangenen aber andere Regeln gelten, müssen wir dahinter bedrohliche Einstimmigkeiten der Gewalt vermuten, zumindest aber große Unebenheiten der Solidarität.

Und so ist der Geschlechterunterschied auch noch von einem kleinen moralischen Unterschied begleitet.

Die Männer in diesem Buch haben, auch wenn es ihnen schlechtgeht, viele Brüder.

Die Frauen haben keinen.